Klaus Kröger

Grundrechtsentwicklung in Deutschland –
von ihren Anfängen bis zur Gegenwart

Klaus Kröger

Grundrechtsentwicklung in Deutschland – von ihren Anfängen bis zur Gegenwart

Mohr Siebeck

Klaus Kröger, geboren 1929; Studium der Rechtswissenschaft in Kiel, Bonn und Freiburg/Br.; 1961 Promotion; 1970 Habilitation; seit 1971 Professor für Öffentliches Recht, Verfassungsgeschichte und Politikwissenschaft an der Universität Gießen.

Die Deutsche Bibliothek – CIP-Einheitsaufnahme

Kröger, Klaus:
Grundrechtsentwicklung in Deutschland – von ihren Anfängen bis zur Gegenwart / Klaus Kröger. – Tübingen : Mohr Siebeck, 1998
ISBN 3-16-146918-6

© 1998 J.C.B. Mohr (Paul Siebeck) Tübingen.

Das Werk einschließlich aller seiner Teile ist urheberrechtlich geschützt. Jede Verwertung außerhalb der engen Grenzen des Urheberrechtsgesetzes ist ohne Zustimmung des Verlages unzulässig und strafbar. Das gilt insbesondere für Vervielfältigungen, Übersetzungen, Mikroverfilmungen und die Einspeicherung und Verarbeitung in elektronischen Systemen.

Das Buch wurde von Computersatz Staiger in Pfäffingen aus der Garamond belichtet, von Gulde-Druck in Tübingen auf säurefreies Werkdruckpapier der Papierfabrik Weissenstein gedruckt und von der Buchbinderei Heinr. Koch in Tübingen gebunden.

*Meinen Kindern und
meinen Enkelkindern*

Inhaltsverzeichnis

Einleitung: Die Entstehung des modernen Grundrechtsverständnisses in der zweiten Hälfte des 18. Jahrhunderts 1

I. Kapitel: Freiheits- und Gleichheitsrechte
in der napoleonischen Zeit und im Vormärz 9

1. Die ersten Ansätze in der napoleonischen Zeit 10
2. Grundrechte in den Vormärz-Verfassungen 12

II. Kapitel: Die Grundrechte der Frankfurter
Reichsverfassung 19

1. Die März-Revolution von 1848 20
2. Der Grundrechtskatalog der Frankfurter Reichsverfassung .. 22

III. Kapitel: Die Grundrechtsentwicklung in der Zeit
der Reaktion und im Kaiserreich von 1871 28

1. Die Grundrechte der revidierten preußischen Verfassung von 1850 . 29
2. Die Einwirkungen des Deutschen Bundes auf die Grundrechte
   in der Reaktionszeit 33
3. Die Grundrechtsentwicklung im Kaiserreich 38
4. Die positivistische Grundrechtstheorie in der zweiten Hälfte
   des 19. Jahrhunderts 41

IV. Kapitel: Die Grundrechtsentwicklung
in der Weimarer Republik 46

1. Die Neuordnung in Deutschland
   und die Weimarer Grundrechtsregelungen 49
2. Die Diskussion einzelner, meist umstrittener
   Grundrechtsprobleme 53

3. Die Bedeutung der Grundrechte im Lichte
der »geisteswissenschaftlichen Richtung«
der Weimarer Staatsrechtslehre 59

Exkurs: Die »volksgenössische Rechtsstellung«
im Dritten Reich 69

V. Kapitel: Die Grundrechte in den westdeutschen
Länderverfassungen nach 1945 und im Grundgesetz........... 75
  1. Das Wiedererstehen deutscher Staatlichkeit
    und die Wiederbegründung der Grundrechte
    im westlichen Teil Deutschlands 78
  2. Die Entwicklung der Grundrechtsdogmatik nach dem
    Grundgesetz und die Frage nach der Grundrechtstheorie 83

VI. Kapitel: Die Grundrechte in der sowjetischen
Besatzungszone und in den Verfassungen der Deutschen
Demokratischen Republik von 1949 und 1968 99

VII. Kapitel: Die Grundrechte in den Verfassungen
der neuen Länder der Bundesrepublik Deutschland 106

Ausblick: Die Grundrechte des Grundgesetzes
und die Europäischen Gemeinschaften/Europäische Union 111

Sachregister 115

Abkürzungsverzeichnis

AF	alte Fassung
Anm.	Anmerkung
AöR	Archiv des öffentlichen Rechts
Art.	Artikel
Aufl.	Auflage
bay.	bayerisch
Bd.	Band
BGBl.	Bundesgesetzblatt
Brbg.	Brandenburg
Brem.	Bremer
BVerfGE	Entscheidungen des Bundesverfassungsgerichts (amtliche Sammlung)
CDU	Christlich-Demokratische Union
CSU	Christlich-Soziale Union
DDR	Deutsche Demokratische Republik
Diss.	Dissertation
DJT	Deutscher Juristentag
DJZ	Deutsche Juristenzeitung
DöV	Die öffentliche Verwaltung
DVBl.	Deutsches Verwaltungsblatt
Erl.	Erläuterung
EuGrZ	Europäische Grundrechte-Zeitschrift
EuR	Europarecht
FDP	Freie Demokratische Partei
Frhr.	Freiherr
GBl.	Gesetzblatt
GewO	Gewerbeordnung
GG	Grundgesetz der Bundesrepublik Deutschland
GVBl.	Gesetz- und Verordnungsblatt
H	Heft
HdB D StR	Handbuch des Deutschen Staatsrechts (1930 u. 1932)
HdB StR BRD	Handbuch des Staatsrechts der Bundesrepublik Deutschland
HdSW	Handwörterbuch der Sozialwissenschaften

hess.	hessisch
Hg. (hg.)	Herausgeber (herausgegeben)
JöR	Jahrbuch des öffentlichen Rechts
jur.	juristisch
JW	Juristische Wochenschrift
JZ	Juristenzeitung
Kap.	Kapitel
KPD	Kommunistische Partei Deutschlands
Meckl.-V	Mecklenburg-Vorpommern
NF	Neue Folge
NJW	Neue Juristische Wochenschrift
Nr.	Nummer
NVwZ	Neue Zeitschrift für Verwaltungsrecht
o.J	ohne Jahresangabe
OVG	Oberverwaltungsgericht
phil.	philosophisch
RandN	Randnummer
RdJB	Recht der Jugend und des Bildungswesens
RGBl.	Reichsgesetzblatt
RGZ	Entscheidungen des Reichsgerichts in Zivilsachen (amtliche Sammlung)
rh.-pf.	rheinland-pfälzisch
RVBl.	Reichsverwaltungsblatt
S	Satz oder Seite
Sachs.	Sachsen
Sachs.-Anh.	Sachsen-Anhalt
Sp.	Spalte
SPD	Sozialdemokratische Partei Deutschlands
Thür.	Thüringen
VA	Verwaltungsarchiv
Verf.	Verfassung
Verh.	Verhandlungen
VOBl.	Verordnungsblatt
VVDStRL	Veröffentlichungen der Vereinigung der Deutschen Staatsrechtslehrer
WRV	Weimarer Reichsverfassung
ZfG	Zeitschrift für Gesetzgebung
ZgesStW	Zeitschrift für die gesamte Staatswissenschaft
Ziff.	Ziffer
ZRPol.	Zeitschrift für Rechtspolitik

„Freiheit, Gleichheit, Brüderlichkeit" –
aber wie gelangen wir zu den Tätigkeitsworten?

Stanislaw J. Lec

Einleitung

Die Entstehung des modernen Grundrechtsverständnisses in der zweiten Hälfte des 18. Jahrhunderts

Literatur

Oestreich, Gerhard, Geschichte der Menschenrechte und Grundfreiheiten im Umriß, 2. Aufl. 1978.
Hartung, Fritz, Die Entstehung der Menschen- und Bürgerrechte von 1776 bis zur Gegenwart, 4. Aufl.1972.
Schnur, R. (Hg.), Zur Geschichte der Erklärung der Menschenrechte, 1964.
Gall, Lothar, Von der ständischen zur bürgerlichen Gesellschaft, 1993.
Böckenförde, Ernst-Wolfgang – Spaemann, Robert (Hg.), Menschenrechte und Menschenwürde, 1987.

Klippel, Diethelm, Politische Freiheit und Freiheitsrechte im deutschen Naturrecht, 1976.
ders., Persönlichkeit und Freiheit. Das »Recht der Persönlichkeit« in der Entwicklung der Freiheitsrechte im 18. und 19. Jahrhundert, in: *Günter Birtsch* (Hg.), Grund- und Freiheitsrechte von der ständischen zur spätbürgerlichen Gesellschaft, 1987, S. 269 ff.
ders., Die Theorie der Freiheitsrechte am Ende des 18. Jahrhunderts in Deutschland, in: *Heinz Mohnhaupt* (Hg.), Rechtsgeschichte in den beiden deutschen Staaten, 1981, S. 348 ff.
Link, Heinz-Christoph, Herrschaftsordnung und bürgerliche Freiheit, 1979.
Grimm, Dieter, Soziale Voraussetzungen und verfassungsrechtliche Gewährleistungen der Meinungsfreiheit, in dem Sammelband des Verfassers: Recht und Staat der bürgerlichen Gesellschaft, 1987, S. 232 ff.
ders., Grundrechte und Privatrecht in der bürgerlichen Sozialordnung, ebenda, S.192 ff.
ders., Die Grundrechte im Entstehungszusammenhang der bürgerlichen Gesellschaft, in: *Jürgen Kocka* (Hg.), Bürgertum im 19. Jahrhundert, Bd. I (1988), S. 340 ff.
Bödeker, Hans-Erich, Zur Rezeption der französischen Menschen- und Bürgerrechte von 1789/1791 in der deutschen Aufklärungsgesellschaft, in: *Günter Birtsch* (Hg.), Grund- und Freiheitsrechte im Wandel von Gesellschaft und Geschichte, 1981, S. 258 ff.

Burg, Peter, Die Verwirklichung von Grund- und Freiheitsrechten in den Preußischen Reformen und Kants Rechtslehre, ebenda S. 287 ff.
Lorz, Ralph Alexander, Modernes Grund- und Menschenrechtsverständnis und die Philosophie der Freiheit Kants, 1993.
Peters, Wilfried, Späte Reichspublizistik und Frühkonstitutionalismus, 1993.
Dippel, Horst (Hg.), Die Anfänge des Konstitutionalismus in Deutschland. Texte deutscher Verfassungsentwürfe am Ende des 18. Jahrhunderts, 1991.

Die Entstehung der modernen Grundrechte ist ohne die Entwicklung des neuzeitlichen Bürgertums, genauer: des Bildungs- und Besitzbürgertums der zweiten Hälfte des 18. Jahrhunderts, nicht zu verstehen. Die neu aufkommende Schicht des Bürgertums, welche die Verkrustungen des überkommenen Feudal- und Ständestaates durchbrach, brauchte die Absicherung durch Menschen- und Bürgerrechte, um sich behaupten zu können. Daß es überhaupt dazu kam, bedarf einer näheren Erklärung.

Der grundstürzende Wandel, dem der Staat und die Lebensverhältnisse des 18. Jahrhunderts ausgesetzt waren, ging vor allem auf den ehrgeizigen Anspruch der absoluten Fürsten zurück, alle Sozialbereiche umfassend zu gestalten und die Staatseinnahmen zu vermehren. Ein solches Unterfangen war nur mit Hilfe des sich entwikkelnden *Bürgertums* möglich, dessen Leistungs- und Aufstiegsstreben nicht mehr in die überkommene, auf strikter Leistungsbegrenzung und Reglementierung beruhende Ständeordnung paßte[1]. Der absolute Fürst war auf die vielfältigen Leistungen der wachsenden Zahl der Akademiker, Kaufleute, Geldverleiher und Beamten angewiesen, die ihrerseits der Unterstützung des Landesherrn bedurften, um die Fesseln der starren Ständeordnung abstreifen zu können. In dieser prekären Lage des Bildungs- und Besitzbürgertums, das weder in der ständischen Tradition Rückhalt hatte noch in den politischen Entscheidungsprozeß des absoluten Staates eingebunden war, kam nur eine Orientierung nach vorn in Betracht: durch Streben nach *Freiheit und Autonomie*. Es war der Weg der Selbstfindung des

---

1 Dazu und zum Folgenden vor allem: *D. Grimm,* Soziale Voraussetzungen und verfassungsrechtliche Gewährleistungen der Meinungsfreiheit, in: *J. Schwartländer / D. Willoweit* (Hg.), Meinungsfreiheit, Grundgedanken und Geschichte in Europa und den USA, 1986, S. 145 ff.

Bürgertums. Er gründete sich zunächst auf zweierlei: die Besinnung auf die Kultur und auf die Erreichung und Bewahrung wirtschaftlicher Eigenständigkeit.

Im Mittelpunkt der Selbstvergewisserung des Bildungs- und Besitzbürgertums stand die *Pflege der Kultur*. In den Jahrzehnten der zweiten Hälfte des 18. Jahrhunderts entstanden eigenständige bürgerliche Kultureinrichtungen: Lesegesellschaften, Diskussionskreise, eigene Kunstausstellungen und Konzerte, städtische Theater. Sie bildeten gemeinsame Orientierungshilfen und ließen eine *selbständige Öffentlichkeit* entstehen, die sich unabhängig von der staatlichen entfaltete. Mit der Forderung nach Freiheitsrechten und mit dem Anspruch auf Autonomie suchte das Bürgertum, den selbstgeschaffenen kulturellen Eigenbereich zu sichern und zu schützen.

Desgleichen war das Bürgertum bemüht, *wirtschaftliche Eigenständigkeit* zu erlangen und zu bewahren. Die Ausweitung der Staatszwecke, der Ausbau der staatlichen Verwaltung und die Vermehrung der Staatseinnahmen durch das merkantilistische Wirtschaftssystem begünstigten das Bürgertum, weil das schwerfällige Zunftwesen den Leistungserwartungen des modernisierten Staates und seines Wirtschaftssystems nicht gewachsen war. Im Bewußtsein ihrer Unentbehrlichkeit konnten die Bürger die Landesherren dazu bewegen, die korporativen Bindungen des Ständestaates zu lockern und staatliche Lenkungsmaßnahmen im Bereich der Wirtschaft einzuschränken. Durch ihre Forderung nach Freiheitsrechten und nach Autonomie suchten sie, auch ihren wirtschaftlichen Handlungsspielraum zu erweitern und zu schützen.

Die erreichten Zugeständnisse konnten indessen über den unvermeidlichen *Zielkonflikt* nicht hinwegtäuschen: Das bürgerliche Freiheitsbegehren war letztlich mit dem absoluten Herrschaftsanspruch des Landesherrn nicht vereinbar. Gewiß konnte der Herrscher den Bürgern begrenzte Freiheitsräume als *Privileg* gewähren, einen prinzipiell unbegrenzten Freiheitsanspruch konnte er aber ohne Preisgabe seines Herrschaftsmonopols nicht zugestehen. Das Bürgertum in Europa hat diesen Zusammenhang erst vergleichsweise spät erkannt; dann allerdings seine Forderungen nach Freiheitsrechten umso entschiedener verfochten. In Frankreich führten die Auseinandersetzungen zur Revolution, in Deutschland zu einer zeitlich gestreckten friedvolleren Entwicklung.

Das Bürgertum vermochte seine Zielsetzungen nur dann erfolgreich durchzusetzen, wenn es gelang, seine Forderung nach Freiheitsrechten auf eine höhere Wahrheit zu stützen als die, welche der absolute Herrscher vorgab zu besitzen: Sie mußte *naturrechtlich* begründet sein[2].

Die in der ersten Hälfte des 18. Jahrhunderts in Europa vorherrschende *Naturrechtslehre* stützte noch den umfassenden Herrschaftsanspruch des absoluten Fürsten. Sie war nach dem Ende der religiösen Bürgerkriege im 17. Jahrhundert und der Erschütterung der bisherigen *religiösen* Legitimation staatlicher Herrschaft entstanden und nahm ihren Ausgang von der Lehre vom *Gesellschaftsvertrag*, durch den staatliche Herrschaft nunmehr *säkular* begründet wurde: Alle Menschen befänden sich zunächst in einem *vorstaatlichen* Naturzustand, in dem sie alle gleich und frei wären. Erst aus dem vereinigten Willen aller, sich einem Herrscher zu unterwerfen, entstünde staatliche Herrschaft. Diese ältere Naturrechtslehre ging von einem fiktiven Gesellschaftsvertrag aus, nach dem alle auf ihre natürliche Freiheit und Gleichheit verzichteten, um den absoluten Staat zu ermöglichen, der die Verpflichtung übernahm, Leib und Leben aller Untertanen zu schützen. Für Grundrechte der Bürger war in diesem Gedankengebäude kein Platz. Verständlich war diese Lehre vom Verzicht aller auf Freiheit und Gleichheit auf dem Hintergrund einer von konfessionellen Kriegen erschütterten und bedrohten Zeit, in der jeder um Leib und Leben bangen mußte.

Mit dem Verblassen der Bürgerkriegserfahrung und dem Entstehen der selbstbewußten Schicht des Bildungs- und Besitzbürgertums veränderte sich die naturrechtliche Lehre vom Gesellschaftsvertrag. Man nahm nunmehr an, daß die Menschen nicht mehr auf ihre *gesamte* natürliche Freiheit verzichteten, sondern nur auf so viel von ihr, wie der Staat zur Erfüllung seiner Staatszwecke unerläßlich benötigte. Gleichzeitig erstreckte diese *modifizierte Naturrechtslehre* den Staatszweck auch auf individuelle Ziele, wie insbesondere auf die Glückseligkeit des Einzelnen. So verblieb den Untertanen ein Bereich natürlicher Freiheit, der der Staatstätigkeit Grenzen zog, so-

---

2 Zum Folgenden ausführlich: *D. Klippel*, Politische Freiheit und Freiheitsrechte im deutschen Naturrecht des 18. Jahrhunderts, 1976; *H.-C. Link*, Herrschaftsordnung und bürgerliche Freiheit, 1979.

weit die Individualsphäre berührt wurde. Von Grundrechten der Individuen konnte indes noch nicht die Rede sein.

Erst die *späte Naturrechtslehre* am Ende des 18. Jahrhunderts führte zur Annahme echter *Freiheitsrechte*, die den Einzelnen befähigten, begrenzte Lebensbereiche autonom zu gestalten. Die den Untertanen verbliebenen natürlichen Rechte, die nicht durch den Gesellschaftsvertrag als abgetreten galten, suchte man in Katalogen zusammenzustellen. Aber erst nach 1780 – also nach den amerikanischen Menschenrechtserklärungen und noch vor dem Ausbruch der Französischen Revolution – veränderte sich die *rechtliche Qualität* der Freiheitsrechte. Aus den natürlichen, aber abdingbaren Freiheitsrechten wurden *unveräußerliche Grundrechte*, die auch der Staat nicht entziehen konnte. Damit wandelte sich auch die bisherige Vertragstheorie: Nicht mehr die bloße Sicherung von Leib und Leben wurde als Kern der Staatszwecke angesehen, sondern vordringlich die Gewährleistung der natürlichen Rechte des Einzelnen. Der Staat durfte jetzt nur noch die Rechte beanspruchen, die ihn in den Stand setzten, die Staatszwecke, darunter den Schutz der unveräußerlichen Freiheitsrechte der Individuen, zu garantieren.

Ohne diesen Paradigmawechsel der Naturrechtslehre vom umfassenden Herrschaftsanspruch des absoluten Fürsten zum Garanten natürlicher unveräußerlicher Grundrechte der Individuen wäre die Verwirklichung der bürgerlichen Forderung nach Freiheitsrechten und Autonomie kaum möglich gewesen.

In *Deutschland* allerdings setzte die tatsächliche und rechtliche Durchsetzung der Freiheitsrechte erst verspätet ein, sieht man von den kurzlebigen, im Windschatten der französischen Revolutionsarmee entstandenen Verfassungsentwürfen in Mainz und Köln ab[3]. Noch bis in das 19. Jahrhundert hinein fehlte es bei uns an einer Reihe von Voraussetzungen, um Menschen- und Bürgerrechte durchzusetzen. Das deutsche Bürgertum als Träger des Grundrechtsgedankens war zahlenmäßig klein und landsmannschaftlich zersplittert.

---

3 Constitutions-Vorschläge des Handelsstandes zu Mainz mit einer Antwort von dem Bürger *K. Boost*, Mitglied der Gesellschaft der Freiheit und Gleichheit in Mainz (1792); *C. Sommer*, Konstitution für die Stadt Köln. Den stadtkölnischen Bürgern zur Prüfung vorgelegt (1797), – abgedruckt bei *H. Dippel* (Hg.), Die Anfänge des Konstitutionalismus in Deutschland (1991), S. 45 ff.; 68 ff.

Das Wirtschaftsbürgertum war infolge des wirtschaftlichen Rückstands in Deutschland erst in Ansätzen vorhanden. Zudem fehlte es an einer länderübergreifenden Zusammenarbeit des Bürgertums. Das Mißtrauen zwischen Süddeutschen und Norddeutschen, zwischen Katholiken und Protestanten, Stadtbürgern und Bürgern auf dem Lande erschwerte ein einheitliches Auftreten des deutschen Bürgertums, das zudem hin- und hergerissen war zwischen Loyalität gegenüber dem angestammten Fürstenhaus und Aufbegehren zur Durchsetzung eigener Interessen. Hinzutrat, daß in den überschaubaren kleinen Territorien die deutschen Bürger noch stärker in die traditionelle Gesellschaftsordnung eingebunden waren als etwa in Frankreich, wo die Revolution das Bürgertum in eine unvergleichlich bessere Ausgangslage versetzt hatte. Auch fehlte es bei uns an tiefgreifenden Mißständen, die eine Mobilisierung breiter Bevölkerungsschichten erleichtert hätte.

Ungleich bedeutsamer waren demgegenüber die Beiträge deutscher Gelehrter zur *theoretischen Fundierung* der Menschen- und Bürgerrechte. Schon vor 1789 fand auch in Deutschland eine lebhafte Diskussion über Menschenrechte statt, die allerdings lange Zeit in Vergessenheit geraten war[4]. Von besonderem Gewicht waren die Überlegungen der deutschen *Physiokraten*, vor allem von *Isaak Iselin* und *Johann August Schlettwein*, die prägend auf die späte Naturrechtslehre am Ende des 18. Jahrhunderts eingewirkt haben[5]. In ihrem Bestreben, den Merkantilismus und Kameralismus abzubauen und das Wirtschaftsleben von staatlichen Reglementierungen zu befreien, forderten sie *individuelle Freiheit*, speziell ökonomische Freiheit. Darunter verstanden sie die uneingeschränkte Freiheit des Gebrauchs von Grundeigentum und der Verfügung über Grund und Boden sowie uneingeschränkte Handels- und Gewerbefreiheit[6]. Die Physiokraten untermauerten ihre Freiheitsforderungen damit, daß »für alle ... Stände und Verhältnisse des Menschen ... das Recht der

---

4 Dazu jetzt statt weiterer Nachweise: *D. Klippel*, Die Theorie der Freiheitsrechte am Ende des 18. Jahrhunderts in Deutschland, in: *H. Mohnhaupt* (Hg.), Rechtsgeschichte in den beiden deutschen Staaten, 1991, S. 348 ff.

5 Siehe vorzüglich: *D. Klippel*, Der Einfluß der Physiokraten auf die Entwicklung der liberalen politischen Theorie in Deutschland, in: Der Staat Bd. 23 (1984), S. 205 ff.

6 Vgl. die Nachweise bei *D. Klippel* (Anm. 5), S. 211 (Fußn. 32 und 33).

Natur der einzige wahre Wegweiser zu seinen Pflichten (sei)«[7]. Nach ihrer Vorstellung durften die natürlichen Rechte des Menschen im Staat nicht eingeschränkt werden; Gemeinwohl und Einzelwohl seien eng miteinander verbunden; der Zweck des Staates sei auf die uneingeschränkte Gewährleistung der Menschenrechte gerichtet. Wörtlich heißt es bei *J. A. Schlettwein*[8]:

> »So wenig also in der Gesellschaft überhaupt, wenn sie der Natur gemäß sein soll, eine Aufopferung der Menschenrechte stattfindet..., und so wenig das wahre gemeine Beste in einer Gesellschaft überhaupt dem Privatbesten der einzelnen Glieder Eintrag tun kann ...: So wenig und noch weit weniger ist eine Aufopferung der besonderen Menschenrechte und die Einschränkung des Privatbesten der Bürger zu einer bürgerlichen Gesellschaft notwendig. Dies soll nach dem gesunden Menschensinne in der bürgerlichen Gesellschaft die Hauptabsicht sein, daß ein jeder die vollkommenste Garantie aller seiner Menschenrechte und des Genusses derselbigen darinnen findet.«

Wenn auch die Auffassungen der Physiokraten nicht unbestritten geblieben sind, so trugen sie doch zweifellos dazu bei, den Umschlag von der frühen absolutistischen zur späteren grundrechtsbezogenen Naturrechtslehre in Deutschland zu befördern. Die These der Physiokraten, daß die Freiheit des Menschen im Staat nicht geringer sein dürfe als im Naturzustand, hat den Rechten des Individuums zu ihrer Unverbrüchlichkeit verholfen, und der überkommenen Lehre vom Gesellschaftsvertrag, mit deren Hilfe die Beschränkung der Freiheit des Einzelnen im Staat begründet worden war, weithin den Boden entzogen.

Die volle Anerkennung der Theorie der Menschenrechte und ihre zentrale Einbeziehung in die Naturrechtslehre hat in Deutschland die Philosophie *Immanuel Kants* bewirkt. Für ihn rückte der Mensch als vernunftbegabtes, mit freiem Willen ausgestattetes Wesen in den Mittelpunkt aller Überlegungen. In seiner »Grundlegung der Metaphysik der Sitten« forderte Kant die *Selbstzweckhaftigkeit des Menschen*, die zum Leitmotiv seiner Sittenlehre wurde:

---

7 *J. A. Schlettwein*, Die Rechte der Menschheit oder der einzige wahre Grund aller Gesetze, Ordnungen und Verfassungen, 1784, S. 116 et passim.
8 *J. A. Schlettwein* (Anm. 7), S. 451 - zitiert bei *D. Klippel* (Anm. 4), S. 362.

»Denn vernünftige Wesen stehen alle unter dem Gesetz, daß jedes ders.n sich selbst und alle andere *niemals bloß als Mittel,* sondern jederzeit *zugleich als Zweck an sich selbst* behandeln solle«[9].

Dieser Grundgedanke Kants setzte sich um die Wende vom 18. zum 19. Jahrhundert in der Naturrechtslehre und der Allgemeinen Staatslehre in Deutschland mehr und mehr durch. Er fand auch in anderen europäischen Ländern, insbesondere in Frankreich, starke Beachtung. War schon die Annahme eines fiktiven Gesellschaftsvertrages durch die Physiokraten erschüttert worden, so wurde mit dem Kerngedanken der Selbstzweckhaftigkeit des Menschen als Person die Vorstellung eines vorstaatlichen Naturzustandes entbehrlich, denn das Wesen des Menschen bleibe stets gleich. Ins Zentrum der wissenschaftlichen Erörterung rückten nun die »Rechte der Menschheit«, die man in Katalogen zusammenstellte und dem Staat gegenüber als höherwertig formulierte. Sie wurden als unveräußerliche und unverzichtbare Rechte begriffen, deren Kern Richtschnur der staatlichen Tätigkeit sein sollte.

Die Diskussion über die Menschenrechte im deutschen Naturrecht des ausgehenden 18. Jahrhunderts war durchaus auf der Höhe der Zeit; ihr fehlte indessen das Gegenüber einer verbindlichen Erklärung der Menschen- und Bürgerrechte, die deren Durchsetzung in Deutschland erleichtert hätte.

---

[9] *I. Kant,* Grundlegung der Metaphysik der Sitten, 1785 – hier zitiert nach der von *K. Vorländer* besorgten Ausgabe (Neudruck 1945 der 3. Auflage 1906), S. 59 (Hervorhebungen im Originaltext).

I. Kapitel

Freiheits- und Gleichheitsrechte in der napoleonischen Zeit und im Vormärz

Literatur

Zachariä, Heinrich Albert, Deutsches Staats- und Bundesrecht, Teil I, 3. Aufl. 1865.
Huber, Ernst Rudolf, Deutsche Verfassungsgeschichte seit 1789, Bd. I, 1957.
Nipperdey, Thomas, Deutsche Geschichte 1800–1866, 2. Aufl. 1984.
Hartung, Fritz, Die Entstehung der Menschen- und Bürgerrechte von 1776 bis zur Gegenwart, 4. Aufl. 1972.
Scheuner, Ulrich, Die rechtliche Tragweite der Grundrechte in der deutschen Verfassungsentwicklung des 19. Jahrhunderts, in dem Sammelband des Verfassers: Staatstheorie und Staatsrecht, 1978, S. 633 ff.
ders., Begriff und rechtliche Tragweite der Grundrechte im Übergang der Aufklärung zum 19. Jahrhundert, in: Der Staat, Beiheft 4, 1980, S. 105 ff.
Wahl, Rainer, Rechtliche Wirkungen und Funktionen der Grundrechte im deutschen Konstitutionalismus des 19. Jahrhunderts, in: Der Staat Bd. 18 (1979), S. 321 ff.
Böckenförde, Ernst-Wolfgang – Wahl, Rainer (Hg.), Moderne deutsche Verfassungsgeschichte, 2. Aufl. 1981.
Stolleis, Michael, Geschichte des öffentlichen Rechts Bd. II, 1992, S. 121 ff.; 187 ff.
Grimm, Dieter, Deutsche Verfassungsgeschichte 1776–1866, 1988, S. 43 ff.
ders., Die Entwicklung der Grundrechtstheorie in der deutschen Staatsrechtslehre des 19. Jahrhunderts, im Sammelband des Verfassers: Recht und Staat der bürgerlichen Gesellschaft, 1987, S. 308 ff.
Kröger, Klaus, Einführung in die jüngere deutsche Verfassungsgeschichte (1806–1933), 1988, S. 31 ff.
Rimscha, Wolfgang von, Die Grundrechte im süddeutschen Konstitutionalismus, 1973.
Wunder, Bernd, Grundrechte und Freiheit in den württembergischen Verfassungskämpfen 1815–1819, in: *Günter Birtsch* (Hg.), Grund- und Freiheitsrechte im Wandel von Gesellschaft und Geschichte, 1981, S. 435 ff.
Brandt, Hartwig, Urrechte und Bürgerrechte im politischen System vor 1848, S. 460 ff.

1. Die ersten Ansätze in der napoleonischen Zeit

Die napoleonischen Kriege und der Zusammenbruch des Heiligen Römischen Reiches im Jahre 1806 hatten grundstürzende politische und staatsrechtliche Veränderungen in Deutschland zur Folge, die allerdings nur sehr bedingt zur Durchsetzung von Freiheits- und Gleichheitsrechten führten.

Die in *Frankreich* durch die Revolution von 1789 erzwungene *Wende zur bürgerlichen Grundlegung des Staates* und zur Verankerung von *Grundrechten* in der Verfassung war in Deutschland nicht ohne weiteres erreichbar. Zu verschieden waren die Rahmen- und Ausgangsbedingungen:

In Frankreich war der *Erklärung der Menschen- und Bürgerrechte* am 26. August 1789 jene dramatische Nachtsitzung der französischen Nationalversammlung vom 4. zum 5. August 1789 vorausgegangen, in der die privilegierten Stände des Adels und der Geistlichkeit auf ihre feudalen Vorrechte verzichtet und damit den Weg zur Neuordnung von Staat und Gesellschaft freigemacht hatten. Bis zur Verabschiedung der ersten französischen Verfassung vom 3. September 1791, in der die proklamierten Menschen- und Bürgerrechte als Präambel vorangestellt waren, wurden die Relikte der alten Ordnung durch Dekrete und Gesetze der Nationalversammlung beseitigt: Der Adel abgeschafft, die Zünfte aufgehoben, die Güter der Kirche enteignet und als Nationaleigentum veräußert sowie eine Neuordnung des landwirtschaftlich genutzten Bodens erlassen, die das Obereigentum der bisherigen Grundherren, alle feudalen Verfügungsbeschränkungen sowie den Großteil der dinglichen Lasten und Abgaben beseitigte. Ursprünglich beschlossene Ablösungsgesetze wurden entschädigungs- und ersatzlos aufgehoben.

Die *Herrschaft Napoleons* beendete zwar die Revolution und führte vorübergehend zur Alleinherrschaft des Kaisers der Franzosen sowie zur Zurückdrängung der *politischen* Freiheit der Bürger, ließ aber die *gesellschaftlichen* Errungenschaften der Revolution, insbesondere die private und ökonomische Freiheit, unangetastet. Mit der Rückkehr der Bourbonen nach dem Sturz Napoleons entstand eine neue Lage: Ludwig XVIII. erließ eine der englischen nachgebildete gemäßigte Verfassung, die Charte Constitutionnelle vom 4. Juni 1814, die den politischen Einfluß des Bürgertums weitgehend wiederherstellte.

Wie sah es demgegenüber in *Deutschland* aus? Trotz vielfältiger Erschütterungen war hierzulande die überkommene ständische Staats- und Gesellschaftsordnung weithin erhalten geblieben. Erste Ansätze zu deren Überwindung hatte Napoleon mit der Einführung einer *Verfassung* für das französisch regierte *Königreich Westfalen* vom 15. November 1807 eingeleitet[1], durch die alle Standesunterschiede und Privilegien abgeschafft wurden. Zudem wurde die Leibeigenschaft aufgehoben und eine allgemeine Rechtsgleichheit hergestellt sowie zum 1. Januar 1808 der französische Code Napoleon von 1804 verbindlich eingeführt. Mit dieser Musterverfassung für alle Rheinbundstaaten suchte Napoleon in Deutschland den Weg zu einer bürgerlichen Staats- und Gesellschaftsordnung zu ebnen.

Auf Druck Napoleons, aber durchaus auch im eigenen Interesse war insbesondere das zum Königreich erhobene Land *Bayern*, der größte Rheinbundstaat, bemüht, in seinem durch Gebietserwerb erweiterten Territorium eine Verfassung zu erlassen, um dadurch rascher zu einer Rechts- und Wirtschaftseinheit zu gelangen[2]. Für den bayerischen König bedeutete dies zwar den Verzicht auf die absolute Herrschaftsgewalt; auf der anderen Seite konnte er aber durch eigene Verfassungsregelungen leichter weitergehenden Wünschen Napoleons zuvorkommen.

Bereits am 1. Mai 1808 wurde die *bayerische* als erste deutsche *Verfassung* im modernen Sinn erlassen. Als Vorbild diente ihr die westfälische mit ihren erwähnten Neuerungen. Hinter der französischen Verfassung von 1791 blieb die bayerische – ebenso wie die westfälische – weit zurück, weil es beiden an *politischen* Freiheitsrechten fehlte. Der Fortschritt lag in der ökonomischen und privaten Freiheit und der Rechtsgleichheit der Bürger sowie in dem sozialpolitischen Programm zur Umgestaltung der Gesellschaftsordnung.

---

1 Vgl. dazu: *A. Kleinschmidt*, Geschichte des Königreichs Westfalen, 1893.
2 Vgl. dazu: *E. R. Huber*, Deutsche Verfassungsgeschichte seit 1789, Bd. I, S. 319 ff.

Bis zum Zusammenbruch der napoleonischen Herrschaft wurden noch drei Verfassungen von Rheinbundstaaten, nämlich von dem Herzogtum *Sachsen-Weimar* (1809), dem Großherzogtum *Frankfurt* und dem Herzogtum *Anhalt-Köthen* (beide 1810), erlassen. Sie orientierten sich ebenfalls an der westfälischen Verfassung. Doch alle diese Konstitutionen waren nur von kurzer Dauer. In den Befreiungskriegen gingen mit den von Napoleon geschaffenen Staatsgebilden des Königreichs Westfalen und des Großherzogtums Frankfurt auch deren Verfassungen unter. Und die Verfassung von Anhalt-Köthen wurde 1812 aufgehoben. Die Verfassungen von Bayern und Sachsen-Weimar blieben zwar für eine Übergangszeit in Kraft, erlangten aber nur partielle Bedeutung, weil in beiden Ländern die Volksvertretungen nicht zustande kamen.

2. Grundrechte in den Vormärz-Verfassungen

Der von breiten Kreisen der deutschen Bevölkerung getragene nationale Aufbruch in den Befreiungskriegen zur Abschüttelung der napoleonischen Fremdherrschaft hatte hohe Erwartungen geweckt. Viele erhoffen sich ein national geeintes Deutschland unter einer modernen Verfassung mit Grundrechten und einer gewählten Volksvertretung. Sie wurden indes bitter enttäuscht: Der *Wiener Kongreß*, der über die territorialen Verhältnisse Europas und die künftige politische Gestaltung Deutschlands zu entscheiden hatte, stand im Zeichen der *Restauration* der früheren Ordnung, ohne freilich zu den vornapoleonischen Zuständen zurückzukehren. Bei allen Interessenunterschieden und Meinungsverschiedenheiten über die Bewältigung der anstehenden Probleme verband die Vertreter der beteiligten Mächte die Vorstellung der *monarchischen Legitimität* als Grundlage eines befriedeten Europa und als Bollwerk gegen die nationalen, liberalen und demokratischen Bewegungen, die durch die Exzesse der Französischen Revolution ebenso diskreditiert waren wie durch die erzwungenen napoleonischen Reformen.

Das Ergebnis der langwierigen und kontroversen Beratungen des Wiener Kongresses war die Schaffung des *Deutschen Bundes*, eines lockeren völkerrechtlichen Vereins von anfangs 38 Staaten, die durch die organisatorischen Regelungen der Deutschen Bundesakte vom 8. Juni 1815 und durch die Bestimmungen der Wiener Schlußakte vom 15. Mai 1820[3] zusammengehalten wurden.

Blieben die nationalen Erwartungen der Deutschen somit gänzlich unerfüllt, so keimte noch die Hoffnung auf die Einführung moderner Verfassungen mit Grundrechten und einer gewählten Volksvertretung in den Mitgliedsstaaten des Bundes; hatte doch der Art. 13 der Bundesakte die Verheißung verkündet: »In allen Bundesstaaten wird eine *landständische Verfassung* stattfinden.« Allerdings ließ diese Regelung in mehrfacher Hinsicht zu wünschen übrig: Als Erfordernis einer bundesstaatlichen Ordnung für Deutschland zuerst von Preußen vorgeschlagen, enthielt die erste Fassung des Art. 13 sehr viel präzisere Anforderungen, die nach und nach in den Beratungen des Wiener Kongresses immer unverbindlicher wurden. In seiner endgültigen Fassung fehlte nicht nur eine nähere Bestimmung, was unter »landständischer Verfassung« zu verstehen sei, sondern auch jede Angabe über deren Ausgestaltung und den Zeitpunkt ihres Erlasses. Eine Bundesgarantie für die Einlösung dieser Verpflichtung durch die Mitgliedsstaaten gab es auch nicht.

So konnte es nicht wundernehmen, daß unter Berufung auf Art. 13 der Deutschen Bundesakte altständisch-patrizische Stadtverfassungen wiederhergestellt wurden, altständische Verfassungen erhalten blieben, aber auch moderne Repräsentativ-Verfassungen erlassen wurden[4]. In Österreich, Preußen, Oldenburg und Hessen-Homburg wurde bis 1848 überhaupt keine Verfassung eingeführt.

Die Hoffnung vieler Deutscher auf die Einführung moderner Verfassungen erfüllte sich also nur in einigen Territorialstaaten, vor allem in Süddeutschland: Die Verfassungen von *Bayern* (26. Mai 1818), *Baden* (22. August 1818) und *Württemberg* (25. September 1819)[5], denen bereits die einiger kleinerer Staaten vorangegangen waren und denen weitere folgten, waren Grundmuster der *deutschen konstitutionellen Monarchie*, die im 19. Jahrhundert in Deutschland bestimmend blieb. Die Funktion und Bedeutung der Grundrechte in diesen

---

3 Die Texte der Deutschen Bundesakte und der Wiener Schlußakte sind abgedruckt bei: *E. R. Huber* (Hg.), Dokumente zur deutschen Verfassungsgeschichte Bd. I, 1961, S. 75 ff.; 81 ff.
4 Siehe die Übersicht bei: *E. R.Huber* (Anm. 2), Bd. I, S. 656 f.
5 Vgl. die Texte bei: *E. R. Huber* (Anm. 3), Bd. I, S. 141 ff., 157 ff., 171 ff.

Verfassungen erschlossen sich erst aus deren spezifischer Entstehungsweise und deren eigentümlicher Struktur, die der der französischen Charte Constitutionnelle von 1814 verwandt war. Diese frühen *deutschen Verfassungen* waren keine Errungenschaften des Bürgertums, das hierzulande hinter den westlichen Nachbarn wirtschaftlich und sozial zurückgeblieben war, sondern *Gewährungen der Landesherren* der im Kern erhalten gebliebenen monarchischen Obrigkeitsstaaten. Sie kamen zwar bürgerlichen Erwartungen entgegen, dienten aber in erster Linie landesherrlichen Erwägungen zur Sicherung und Festigung der Herrschaft. Die meisten Verfassungen, wie die von Baden und Bayern und die vorangegangenen einiger kleinerer deutscher Staaten, waren einseitig oktroyiert worden; nur in Württemberg kam die Verfassung durch Vereinbarung des Königs mit den einflußreich gebliebenen Ständen zustande.

Alle diese Konstitutionen setzten das *Herrschaftsrecht* des Landesherrn voraus, dessen Ausübung durch die Verfassung geregelt und beschränkt wurde. Insoweit folgten sie dem Modell der französischen *Charte Constitutionnelle* von 1814, das in Frankreich nach der Rückkehr der Bourbonen das Königsrecht mit dem modernen Konstitutionalismus zu verbinden suchte[6]: Ausschließlich der Monarch war Inhaber der Staatsgewalt, deren *Ausübung* von der Verfassung geregelt war, welche von ihm nicht mehr einseitig geändert werden konnte.

Mit dem Erlaß der Verfassungen wurde in Deutschland die absolute Monarchie in eine *konstitutionelle* verwandelt, die ein Zwischen- und Übergangszustand von der absoluten Monarchie zur westeuropäischen Demokratie war[7]. Die Art und Weise der Herrschaftsausübung, die nunmehr durch die Verfassung näher bestimmt wurde, erwies sich durch den Akt der Verfassungsschöpfung nach dem Willen des Landesherrn als *Selbstbindung*, die allerdings von ihm allein nicht mehr gelöst werden konnte. Hierzu bedurfte es einer förmlich beschlossenen Verfassungsänderung, an der auch die Volks-

---

6 Während dieses Modell in Frankreich durch die Juli-Revolution von 1830 beseitigt wurde, blieb es in Deutschland bis 1918 maßgebend.
7 Siehe vor allem: *E.W. Böckenförde*, Der Verfassungstyp der deutschen konstitutionellen Monarchie im 19. Jahrhundert (1967), wiederabgedruckt in: Moderne deutsche Verfassungsgeschichte (hg. von *E. W. Böckenförde – R. Wahl*), 2. Aufl. 1981, S. 146 ff. (159 ff.).

vertretung beteiligt war. Gegenständlich waren die Herrschaftsbefugnisse des Landesherrn durch Grundrechte und durch Mitgestaltungsbefugnisse des Parlaments begrenzt.

Inhalt und Bedeutung der Grundrechte wurden erst auf dem Hintergrund der spezifischen Gestalt der deutschen konstitutionellen Monarchie verständlich. Gegenüber den französischen Menschen- und Bürgerrechten fallen zwei Unterschiede besonders auf: Die Grundrechte der deutschen frühkonstitutionellen Verfassungen waren freiwillige Gewährungen der Landesherren aus dynastischen Erwägungen, keine erkämpften Errungenschaften des Bürgertums. Sie waren *staatliche Verleihungen*, die nicht naturrechtlich, sondern allein positiv-rechtlich begründet waren. Der Terminus »Menschenrechte« tauchte daher in keiner der deutschen frühkonstitutionellen Verfassungen auf; auch die Bezeichnung »Grundrechte« wurde sorgfältig vermieden. Statt dessen wurde von den *»staatsbürgerlichen Rechten«* gesprochen (§§ 7 ff. der badischen, §§ 19 ff. der württembergischen, Abschnitt IV §§ 1 ff. der bayerischen Verfassung).

Zum anderen waren die Freiheits- und Gleichheitsrechte der Bürger auf diejenigen Rechte beschränkt, die auch den *Interessen der Landesherren* dienten: der Integration der Bürger in den arrondierten Territorien Badens, Bayerns und Württembergs, dem Abbau korporativer Bindungen und ständischer Beschränkungen der Person und des Eigentums sowie der Stärkung des Wirtschaftswachstums. Reichweite und Bedeutung dieser Rechte waren indessen durch die erhalten gebliebene Struktur des überkommenen Obrigkeits- und Ständestaates von vornherein begrenzt. Die staatsbürgerlichen Rechte waren der tradierten Staatsordnung gleichsam übergestülpt, so daß eine Ausweitung der Freiheitsrechte an fast eherne Grenzen stieß.

Der Kanon der Freiheits- und Gleichheitsrechte war in allen frühkonstitutionellen Verfassungen fast gleich: Die Freiheit der Person und der Schutz ihres Eigentums waren in allen drei Verfassungen ebenso gewährleistet wie die Gewissensfreiheit; in Württemberg auch die »Denkfreiheit« (Meinungsfreiheit)[8]. Es bestand staatlicher

---

[8] § 24 der württembergischen Verfassung. Die *kurhessische Verfassung* vom 5. I. 1831 – wiedergegeben bei: *E. R. Huber* (Anm. 3), Bd. I, 1961, S. 201 ff. – enthielt neben der Meinungsfreiheit (§ 39) auch noch die Gewährleistung des Briefgeheimnisses (§ 38).

Schutz vor willkürlicher Verhaftung, und niemand durfte seinem gesetzlichen Richter entzogen werden. Das Eigentum einer Person konnte nur bei Vorliegen eines zwingenden öffentlichen Interesses gegen vorgängige volle Entschädigung entzogen werden. Die Freiheit der Presse und des Buchhandels war grundsätzlich garantiert; sie unterlag jedoch gesetzlichen Beschränkungen. Die Auswanderungsfreiheit war ohne Zahlung einer Nachsteuer gewährleistet, sofern alle Schulden und Obliegenheiten berichtigt waren. Die Freiheit der Berufswahl enthielten nur die württembergische (§ 29) und später die kurhessische Verfassung vom 5. Januar 1831[9] (§ 27) sowie die sächsische Verfassung vom 4. September 1831[10] (§ 28). In Württemberg relativierte § 31 indessen dieses Recht:

> »Ausschließliche Handels- und Gewerbs-Privilegien können nur zu Folge eines Gesetzes oder mit besonderer für den einzelnen Fall gültiger Beistimmung der Stände erteilt werden«.

Eine ähnliche Klausel kannte auch die kurhessische Verfassung ; in Sachsen stand die Berufsfreiheit unter dem Vorbehalt: »soweit nicht hierbei ausdrückliche Gesetze oder Privatrechte beschränkend entgegenstehen« (§ 28).

Die überkommenen ständischen Strukturen der Gesellschaft, die durch individuelle, dem Einzelnen als Person zustehende Rechte aufgelockert wurden, ließen nur begrenzte *Gleichheitsrechte* zu.

Die Leibeigenschaft wurde durch die bayerische, die badische und die württembergische Verfassung zwar abgeschafft, aber die bisherigen Dienstpflichten und alle aus der aufgehobenen Leibeigenschaft herrührenden Abgaben waren erst abzulösen (§ 11 der badischen, Abschnitt IV § 7 der bayerischen Verfassung). Die Gleichheit öffentlicher Lasten und der Militärdienstpflicht wurde proklamiert ebenso wie der gleiche Zugang zu allen öffentlichen Ämtern; damit war jedoch kein gleiches Recht für alle gewährleistet.

Der *Bedeutungsgehalt der Grundrechte* der deutschen frühkonstitutionellen Verfassungen war gering. Als positiv-rechtlich begründete, den Landesherrn bindende Gewährungen boten sie dem Einzelnen einen Bestandschutz seiner Freiheits- und Gleichheitsrechte vor einseitiger Aufhebung. Ihrer rechtlichen Bedeutung nach waren

---

9 Siehe den Nachweis in der vorhergehenden Anmerkung.
10 Abgedruckt bei: *E. R. Huber* (Anm. 3), 223 ff.

sie mehr Programm und Zielsetzung des in diesen Rechten angelegten Modells der modernen Staatsbürgerschaft als rechtsverbindliche Richtschnur der Verwaltung[11]). Zwar konnte die *Exekutive* nur aufgrund eines der Zustimmung der Volksvertretung bedürftigen Gesetzes in Freiheit und Eigentum des Bürgers eingreifen. Wann aber ein solcher Eingriff als gegeben zu erachten war, war begrifflich nicht eindeutig festgelegt. Nach den konventionellen Vorstellungen im Vormärz wurden vor allem die Materien des Straf- und des Zivilrechts, aber auch des gerichtlichen Verfahrensrechts sowie des Polizei- und des Gewerberechts in die Freiheits- und Eigentumsklausel einbezogen.

Ungeklärt war darüber hinaus, inwieweit *vorkonstitutionelle* Ermächtigungen zu Eingriffen der Exekutive ihre Gültigkeit behalten hatten, insbesondere im Polizeirecht. Auf ein Erlöschen dieser überkommenen Ermächtigungen konnte allenfalls in Württemberg geschlossen werden, wo § 91 der Verfassung »alle Gesetze und Verordnungen, welche mit einer ausdrücklichen Bestimmung der gegenwärtigen Verfassungs-Urkunde im Widerspruch« standen, für aufgehoben erklärte. In den anderen frühkonstitutionellen Verfassungen fehlte eine entsprechende Regelung.

Auch gegenüber der *Legislative* entfalteten die frühkonstitutionellen Grundrechte keine rechtliche Bindungswirkung. Zwar ging von ihnen eine Signalwirkung aus, Staat und Gesellschaft nach dem Modell der modernen Staatsbürgerschaft im Wege der Gesetzgebung umzugestalten. Aber die an der Gesetzgebung beteiligte Volksvertretung, der anfangs sogar ein Initiativrecht für Gesetzesvorschläge fehlte, vermochte gegen den Widerstand des Landesherrn und der Ersten Kammer als Vertretung der Mitglieder des regierenden Hauses und des Adels nichts zu bewirken. Treffend hat ein zeitgenössischer Staatsrechtslehrer die geringe Tragweite der Grundrechte im Vormärz umschrieben:

> »Allein die scheinbar sehr vielsagenden Zusicherungen von Unverletzlichkeit der Freiheit der Person und des Eigentums, der Freiheit des Gewissens usw. konnten meistens schon vermöge ihrer unbestimmten Fassung keine erhebliche reelle Bedeutung haben und wurden, beim Mangel anderer wesentlicher Garantien einer gesetzlichen Freiheit, un-

---

11 Vgl. dazu vor allem: *R. Wahl*, Der Staat Bd. 18 (1979), S. 321 ff.

ter dem Druck der Zensur, vermöge der Herrschaft des Inquisitionsprozesses und der Verkümmerung des Rechtsschutzes, der Polizei und Administration gegenüber, in ihrer praktischen Bedeutung fast gänzlich annulliert«[12].

---

12 *H. A. Zachariä*, Deutsches Staats- und Bundesrecht, Erster Teil 3. Aufl. 1865, S. 441.

II. Kapitel

Die Grundrechte der Frankfurter Reichsverfassung

Literatur

Huber, Ernst Rudolf, Deutsche Verfassungsgeschichte seit 1789, Bd. II, 1960.
Nipperdey, Thomas, Deutsche Geschichte 1800 – 1866, 2. Aufl. 1984.
Hartung, Fritz, Die Entstehung der Menschen- und Bürgerrechte von 1776 bis zur Gegenwart, 4. Aufl. 1972.
Kühne, Jörg-Detlef, Die Reichsverfassung der Paulskirche, 1985.
Dann, Otto, Die Proklamation von Grundrechten in den deutschen Revolutionen von 1848/49, in: *Günter Birtsch* (Hg.), Grund- und Freiheitsrechte im Wandel von Gesellschaft und Geschichte, 1981, S. 515 ff.
Scholler, Heinrich, Die Grundrechtsdiskussion in der Paulskirche, 1982.
ders., Die sozialen Grundrechte in der Paulskirche, in: Der Staat Bd. 13 (1974), S. 51 ff.
Eckhardt, Ernst, Die Grundrechte der Deutschen (Diss. phil), 1913.
Scheuner, Ulrich, Die rechtliche Tragweite der Grundrechte in der Verfassungsentwicklung des 19. Jahrhunderts, im Sammelband des Verfassers: Staatstheorie und Staatsrecht, 1978, S. 633 ff.
Wahl, Rainer, Rechtliche Wirkungen und Funktionen der Grundrechte im deutschen Konstitutionalismus des 19. Jahrhunderts, in: Der Staat Bd. 18 (1979), S. 321 ff.
Grimm, Dieter, Die Entwicklung der Grundrechtstheorie in der deutschen Staatsrechtslehre des 19. Jahrhunderts, im Sammelband des Verfassers: Recht und Staat der bürgerlichen Gesellschaft, 1987, S. 308 ff.
ders., Deutsche Verfassungsgeschichte 1776–1866, 1988, S. 175 ff.
Kröger, Klaus, Einführung in die jüngere deutsche Verfassungsgeschichte (1806–1933), 1988, S. 49 ff., 58 ff., 66 ff.
Kühne, Jörg-Detlef, Die französische Menschen- und Bürgerrechtserklärung im Rechtsvergleich mit den Vereinigten Staaten und Deutschland, in: JöR NF Bd. 39 (1990), S. 1 ff.

II. Kapitel

1. Die März-Revolution von 1848

Hatte die nach der französischen Juli-Revolution von 1830 ausgelöste deutsche Verfassungsbewegung auch in mehreren mitteldeutschen Staaten, so insbesondere in Kurhessen und Sachsen, zu Grundrechtsverbürgungen geführt, so wichen diese jedoch kaum von dem Vorbild der süddeutschen Verfassungen Badens, Bayerns und Württembergs ab. Erst mit der Revolution von 1848 gelang es in Deutschland, eine *liberale Verfassung* zu verabschieden, deren Grundrechte in Inhalt und Funktion über den bisherigen Stand deutlich hinausgingen. Diese Entwicklung ist nur auf dem Hintergrund der im Vormärz eingetretenen wirtschaftlichen, sozialen und politischen Veränderungen zu verstehen.

Die zu Beginn des 19. Jahrhunderts einsetzenden Reformen, insbesondere die Abschaffung der Leibeigenschaft und die Gewährung größerer ökonomischer Freiheiten, hatten ebenso wie der starke Bevölkerungszuwachs nach dem Wegfall der Heiratsbeschränkungen das überkommene *soziale Gefüge der Gesellschaft* im Vormärz verändert.

Dieser Wandel war nicht so sehr die Folge der erst in den vierziger Jahren verstärkt einsetzenden Industrialisierung, denn Deutschland war auch im Vormärz noch ein vorwiegend agrarisch geprägtes Land. Gravierender waren die wirtschaftlichen und sozialen Umbrüche innerhalb der von der Landwirtschaft und dem Handwerk maßgebend bestimmten Gesellschaftsordnung.

In den Ländern, in denen es zur Bauernbefreiung kam, verschlechterte sich die *Lage der Bauern* infolge der hohen Ablösungen der bisherigen Gutsherrenrechte; viele Kleinbauern wurden in die Landarbeiterschaft abgedrängt. Und in den Territorien, in denen Gesetze zur Agrarreform und zur Durchführung der Bauernbefreiung fehlten, erwies sich die Fortdauer der Abhängigkeit der Bauern von ihren Grundherren als noch drückender. Der aufkeimende Mißmut und die andauernde Unzufriedenheit der Bauern und der angesichts des Überangebots an Arbeitskräften bedrängten Landarbeiterschaft schufen auf dem Lande ein soziales Protestpotential, das sich in der Revolution von 1848 entlud.

Im *Handwerk* führte die größere ökonomische Freiheit zu einer starken Zunahme der Handwerksmeister und zu einer noch größeren der Gesellen. Die fehlende Erfahrung, sich auf dem freien Markt zu behaupten, die ungewohnte Konkurrenz von Manufaktur- und den ersten Industriebetrieben sowie häufiger Auftragsmangel machten vielen der ursprünglich dem bürgerlichen Mittelstand angehörenden, nun mehr und mehr zu Kleinbürgern herabsinkenden Handwerkern schwer zu schaffen. Das Gros der Gesellen, ohne Aussicht Meister zu werden, war gezwungen, zur Arbeitssuche von Ort zu Ort zu ziehen. Der Herkunftswelt entfremdet, wurde es zum gefürchteten Unruheherd der Gesellschaft des Vormärz und zum Vortrupp der heraufziehenden Revolution.

Zur allgemeinen Verunsicherung trugen die schrittweise Auflösung der Einrichtungen der *sozialen Sicherung*, welche die ständische Gesellschaft gekannt hatte, und der Rückgang kirchlicher Armenhilfe nach der Säkularisierung eines Großteils des Kirchenbesitzes bei; dies umso mehr, als sich der Kreis der Notleidenden sprunghaft erhöhte.

Unerträglich wurde die Lage breiter Bevölkerungsschichten durch die Getreidemißernten der Jahre 1845 bis 1847, noch verschärft durch die 1845 und 1846 grassierende Kartoffelfäule. Es kam zu immensen Teuerungen und damit zu erschreckender Massenarmut, der die tradierten Führungsschichten nicht zu begegnen wußten. Die Massenempörung entlud sich in der März-Revolution von 1848.

Mit den Wandlungen im wirtschaftlichen und im sozialen Bereich geriet die konstitutionell-monarchische *Staatsordnung* in eine Phase des Umbruchs. Die ursprünglich kleine Schicht des Bildungsbürgertums vergrößerte sich im Vormärz zunehmend; ihr trat zudem ein einflußreich werdendes Wirtschaftsbürgertum zur Seite. Die von staatlichem Einfluß unabhängige Formierung einer vom Bürgertum getragenen *öffentlichen Meinung* als Ausdruck wechselnder Auffassungen der tonangebenden Bevölkerungsschicht stand im Gegensatz zu der obrigkeitlichen Verlautbarungspraxis für maßgebend gehaltener Meinungen. Und die Bildung der ersten bürgerlichen *politischen Parteien* in den dreißiger und vierziger Jahren, die durch ein Netz sich ausbreitender Zeitungen und Zeitschriften begünstigt wurde, stand im Widerspruch zu dem bundesgesetzlichen Verbot politischer Zusammenschlüsse vom 5. Juli 1832[1]. Sie bedeutete geradezu eine

---

1 Die sog. *Zehn Artikel* (Zweiter Bundesbeschluß über Maßregeln zur Auf-

Revolutionierung des staatlichen Herrschaftsgefüges: Die als lose Gruppierungen von Bürgern gleicher Weltanschauung und gleicher Gesinnung auf örtlicher Ebene gebildeten Parteien waren bestrebt, die bisher monolithische Herrschaftsstruktur des konstitutionellmonarchischen Staates zu durchdringen und zu verändern, ohne freilich selbst Teile dieses Staates zu werden.

In dieser politischen Umbruchsphase bedurfte es nur eines Anstoßes, um der allgemeinen Empörung und der Unzufriedenheit Bahn zu brechen: Die *französische Februarrevolution von 1848*, die zum Sturz des Königs Louis Philippe führte, löste in fast allen deutschen Einzelstaaten spontan und ohne erkennbare Zusammenhänge *sozialrevolutionäre Unruhen* aus. Der Protest ging gleichermaßen von Bauern und Landarbeitern, Handwerkern und Arbeitern sowie jüngeren Intellektuellen aus. Das Besitz- und Bildungsbürgertum schloß sich zunächst zögernd an, machte sich dann aber in kürzester Zeit zum Wortführer und schob die *politischen* Zielsetzungen in den Vordergrund, die *»Märzforderungen«*, wie man sie nannte: liberale und volkstümliche Regierungen, Pressefreiheit, Vereins- und Versammlungsfreiheit, Liberalisierung des Wahlrechts, Schwurgerichte in Strafsachen, Öffentlichkeit der Gerichtsverfahren, endgültige Aufhebung aller Feudallasten und nicht zuletzt allgemeine Wahlen zu einer verfassunggebenden Nationalversammlung für einen einheitlichen deutschen Staat.

2. Der Grundrechtskatalog der Frankfurter Reichsverfassung

In den Einzelstaaten gaben die Landesherren den Märzforderungen rasch nach und traten der Bildung der *Nationalversammlung* in der *Frankfurter Paulskirche* im Mai 1848 nicht entgegen. Das erste freigewählte gesamtdeutsche Parlament, das vor der schwierigen Aufgabe stand, neben einer modernen Verfassung den deutschen Nationalstaat erst zu schaffen, wandte sich zunächst der *Beratung über die*

---

rechterhaltung der gesetzlichen Ordnung und Ruhe in Deutschland) vom 5. VII. 1832 (Protokolle der Deutschen Bundesversammlung 1832, 24. Sitzung, § 231), abgedruckt bei *E. R. Huber* (Hg.), Dokumente zur deutschen Verfassungsgeschichte Bd. I, 1961, S. 120 ff.

Grundrechte der künftigen Verfassung in der Hoffnung zu, in diesen Fragen am ehesten Konsens zu finden. Doch diese Annahme trog. Die Abgeordneten waren sich zwar darin einig, daß die erlittenen Freiheitsbeschränkungen, obrigkeitlichen Gängelungen und Bevormundungen sowie die polizeilichen Verfolgungen des Vormärz der Vergangenheit angehören sollten, aber zu verschieden waren die Vorstellungen über die künftige *freiheitliche Gestaltung der Gesellschaft*. Die Aufspaltung des Bürgertums in verschiedene, untereinander tief zerklüftete politische Gruppierungen hatte zur Bildung der ersten politischen Parteien geführt. Sie waren weniger bloße Konkurrenten im Wettbewerb um politischen Einfluß als vor allem Überzeugungs- und Weltanschauungsparteien, das Erbe des philosophischen Schulenstreits innerhalb des gebildeten Bürgertums. Die auf hohem geistigen Niveau geführten Diskussionen offenbarten bei den Grundrechtsfragen schon bald die unterschiedlichen Sozialmodelle der verschiedenen Fraktionen: der *Konservativen*, die um den Erhalt der herkömmlichen Ordnung bemüht waren, der *Liberalen*, denen es um eine freiheitliche marktorientierte Gesellschaftsordnung ging, und der *Demokraten*, die für eine völlige Umgestaltung von Staat und Gesellschaft eintraten.

Der Verfassungsausschuß der Nationalversammlung, in dem die dem »rechten Zentrum« zuzurechnenden Liberalen in der Mehrheit waren, legte am 3. Juli 1848 dem Plenum den Entwurf eines *Grundrechtskatalogs* vor[2]. Die sich anschließenden langwierigen, oft kontroversen Debatten zogen sich über Monate hin und wurden durch eine Fülle von Abänderungs- und Ergänzungsvorschlägen zunehmend unübersichtlicher, bis man sich im September 1848 darauf verständigte, daß nur noch Anträge von mindestens hundert Abgeordneten zur Diskussion im Plenum zugelassen werden sollten. Wurde diese Zahl nicht erreicht, sollte die Nationalversammlung ohne Erörterung sogleich über diese Anträge abstimmen. Der Straffung der Beratungen diente auch der weitere Beschluß, den Grundrechtsteil nunmehr in zwei Lesungen zu behandeln. So gelang es am 12. Oktober 1848, den Grundrechtskatalog in erster Lesung im Plenum zu

---

[2] Abgedruckt bei: *F. Wigard* (Hg.), Stenographischer Bericht über die Verhandlungen der deutschen konstituierenden Nationalversammlung zu Frankfurt am Main, 1848, Bd. I, S. 682 ff.

beschließen. Die vom Verfassungsausschuß der Nationalversammlung vorgenommenen Abänderungen stießen im Dezember auf entschiedenen Widerstand insbesondere der Demokraten, die sich aber mit ihren Vorstellungen nicht durchsetzen konnten. Die zweite Lesung des Grundrechtsteils konnte schließlich am 21. Dezember 1848 beendet werden. Sechs Tage später wurde der Grundrechtskatalog als gesondertes Reichsgesetz nach Gegenzeichnung durch das Reichsministerium verkündet. In die spätere Frankfurter Reichsverfassung vom 28. März 1849 wurde er als Abschnitt VI eingefügt.

Im ganzen erwies sich der Grundrechtskatalog – trotz langwieriger Beratungen und mancher Abänderungen – als ein Werk von erstaunlicher Geschlossenheit, in dem sich die *liberalen Vorstellungen* uneingeschränkt durchgesetzt hatten. Soziale Forderungen fanden kaum Eingang. Schon zu Beginn der Grundrechtsdiskussion hatten die Liberalen des »rechten Zentrums« davor gewarnt, der großen sozialen Bewegung zu weit nachzugeben und damit liberale Zielsetzungen preiszugeben. Der Abgeordnete *Georg Beseler* hat dies als Berichterstatter des Verfassungsausschusses im Plenum besonders eindringlich kundgetan:

> Wir hielten es »für notwendig, daß bei der großen sozialen Bewegung, die ganz Deutschland ergriffen hat, von hier aus ein Wort darüber gesprochen werde, wo wir die Grenze finden, über welche diese Bewegung nicht hinausgeführt werden soll ...«[3]

Der 60 Paragraphen umfassende Grundrechtskatalog der Paulskirchen-Verfassung überrascht durch die Vielfalt und Unterschiedlichkeit seiner Regelungen. Das ist vor allem darauf zurückzuführen, daß die Abgeordneten im Grundrechtsteil ein *rechtsstaatliches Gegenmodell* zum überkommenen, leidvoll erfahrenen Polizeistaat der Restaurationsepoche verankern wollten. Zudem waren sie bestrebt, durch weitgehendes Eingehen auf die mannigfachen Regelungsvorschläge der Abgeordneten bessere Voraussetzungen für die nationale Einung Deutschlands zu schaffen. Es kann indessen keinen Zweifel darüber geben, daß im Mittelpunkt des Grundrechtskatalogs die *klassischen Freiheitsrechte* standen, die seit der französischen Menschen- und Bürgerrechtserklärung bekannt waren.

---

3 Siehe bei *F. Wigard* (Anm. 2), Bd. I, S. 700.

Von besonderer Bedeutung war die Aufnahme von *politischen Freiheitsrechten:* der Meinungsfreiheit unter Einschluß der besonders gesicherten Pressefreiheit (§ 143), der Petitionsfreiheit (§ 159), der Versammlungs- und Vereinigungsfreiheit (§§ 161, 162). Sie wurden flankiert von einem weitreichenden Schutz der Privatsphäre der Bürger: Mit der Garantie der Unverletzlichkeit der Person (§ 138) wurde diese zugleich vor willkürlicher Verhaftung geschützt, und mit der Gewährleistung der Unverletzlichkeit der Wohnung (§ 140) wurden die Voraussetzungen für Hausdurchsuchungen klar begrenzt. Das Briefgeheimnis (§ 142) war ebenso garantiert wie die vormals so umstrittene Auswanderungsfreiheit (§ 136). Zum Kreis der gewährleisteten Freiheitsrechte gehörten auch die Glaubens- und Gewissensfreiheit (§§ 144, 145), die Freiheit der Wissenschaft und ihrer Lehre (§ 152) sowie die Berufsfreiheit (§ 158).

Der grundsätzliche, über die Parteigrenzen hinausgehende Wille der Abgeordneten der Nationalversammlung zur *Überwindung des Ständestaates* fand seinen Niederschlag in der Gewähr der Unverletzlichkeit des von den bisherigen ständisch-feudalen Fesseln befreiten Eigentums (§ 164) und der freien Verfügbarkeit über alles Grundeigentum (§ 165) sowie in den *Gleichheitsgarantien:* Die Aufhebung des Adelstands und die Abschaffung aller Standesvorrechte (§ 137); die Beseitigung jedes Untertänigkeits- und Hörigkeitsverbandes (§ 166), die Aufhebung der Patrimonialgerichtsbarkeit und der gutsherrlichen Polizei sowie der persönlichen Abgaben und Leistungen an den bisherigen Guts- und Schutzherrn (§ 167), die Auflösung der Familienfideikommisse (§ 170) und aller Lehensverbände (§ 171). Alle Deutschen sollten fortab vor dem Gesetz gleich sein (§ 137 III) und gleichen Zugang zu allen öffentlichen Ämtern haben (§ 137 VI); die Wehrpflicht sollte für alle gleich sein (§ 137 VII).

Die Aufnahme von *sozialen Grundrechten* stieß bei der Mehrheit der Abgeordneten auf Ablehnung, weil sie mit dem liberalen Credo unbeschränkter wirtschaftlicher Entfaltung nicht zu vereinbaren waren. Zudem herrschte die nicht unberechtigte Befürchtung vor, daß der Staat wegen seiner begrenzten Mittel grundrechtlich gewährleistete materielle Leistungen nicht erfüllen könne. Die Vorschrift des § 157 II: »Unbemittelten soll auf allen öffentlichen Unterrichtsanstalten freier Unterricht gewährt werden« blieb daher die einzige sozialrechtliche Verfassungsnorm.

Ein abschließender Vergleich der Grundrechte der Frankfurter Paulskirche mit denen der frühkonstitutionellen Verfassungen ließ deutliche Fortschritte gegenüber dem bisherigen Stand erkennen. Der Grundrechtskatalog der Nationalversammlung war das Zeugnis des *Rechts- und Freiheitsverständnisses des deutschen Bürgertums*, das sich nach den polizeistaatlichen Erfahrungen des Vormärz grundrechtlich geschützte Lebensbereiche sichern, die überkommene ständisch-feudale Gesellschaftsordnung beseitigen und die bürgerliche Grundlegung von Staat und Gesellschaft erreichen wollte. Die Grundrechte sollten nicht länger bloße Gewährungen oder Zugeständnisse des Landesherrn an das Bürgertum, sondern dessen selbst gefaßte verfassungsrechtlich verbürgte Rechte sein.

Es fällt allerdings auf, daß den »Grundrechten des deutschen Volkes« jedes naturrechtliche Fundament fehlte, das für die französische Menschen- und Bürgerrechtserklärung von 1789 charakteristisch war. Die Naturrechtslehre war weitgehend verdrängt von der *Historischen Rechtsschule*, die Grundrechte als national und historisch bedingtes deutsches Recht, als Emanation des deutschen Volksgeistes verstand. Auf der anderen Seite verstärkten sich der nun positivrechtlich begründete Bestandsschutz und die Geltungskraft der Grundrechte. In § 130 der Reichsverfassung hieß es daher:

»Dem deutschen Volke sollen die nachstehenden Grundrechte gewährleistet sein. Sie sollen den Verfassungen der deutschen Einzelstaaten zur Norm dienen, und keine Verfassung oder Gesetzgebung eines deutschen Einzelstaates soll dieselben je aufheben oder beschränken können.«

Diese Formulierung unterstrich die besondere Bedeutung der Grundrechte, die nicht nur *subjektive Rechte* des Einzelnen waren, deren Verletzung mit der Verfassungsbeschwerde beim Reichsgericht geltend gemacht werden konnte (§ 126 g), sondern auch *objektiv-rechtliche Prinzipien* der Verfassung. Es konnte keinem Zweifel unterliegen, daß die Grundrechte fortab nicht nur gegenüber der Exekutive, sondern auch der Legislative rechtliche Bindungswirkung besaßen.

Mit dem Scheitern der Frankfurter Reichsverfassung wurden die in ihr verankerten Grundrechte praktisch bedeutungslos. Der im Mai 1851 restituierte Deutsche Bundestag hob durch Bundesbeschluß vom 23. August desselben Jahres die Grundrechte der Frankfurter Paulskirche auf. Vorübergehend waren sie noch einmal von Belang: Die Mehrzahl der Grundrechte wurde in die provisorische Verfassung der zwischen Preußen, Sachsen und Hannover im Mai 1849 begründeten *Erfurter Union* aufgenommen[4], die jedoch im November 1850 scheiterte.

Als herausragendes Dokument deutscher Verfassungsgeschichte hat der Grundrechtskatalog der Frankfurter Nationalversammlung die spätere Grundrechtsentwicklung maßgebend beeinflußt.

---

4 Abschnitt VI der Erfurter Unionsverfassung vom 28. V. 1849, abgedruckt bei: *E. R. Huber* (Anm. 1), S. 435 ff.

III. Kapitel

Die Grundrechtsentwicklung in der Zeit der Reaktion und im Kaiserreich von 1871

Literatur

Huber, Ernst Rudolf, Deutsche Verfassungsgeschichte Bd. III, 2. Aufl. 1970.
Stolleis, Michael, Geschichte des öffentlichen Rechts Bd. II, 1992, S. 322 ff.
Böckenförde, Ernst-Wolfgang – Wahl, Rainer (Hg.), Moderne deutsche Verfassungsgeschichte, 2. Aufl. 1981.
Rönne, Ludwig von, Die Verfassungsurkunde für den preußischen Staat, 3. Aufl. 1859.
Anschütz, Gerhard, Die Verfassungsurkunde für den preußischen Staat, Bd. I, 1912.
Smend, Rudolf, Die preußische Verfassungsurkunde im Vergleich mit der belgischen, 1904.
Thoma, Richard, Der Vorbehalt des Gesetzes im preußischen Verfassungsrecht, in: Festgabe für Otto Mayer, 1916, S. 165 ff.
Scheuner, Ulrich, Die rechtliche Tragweite der Grundrechte in der deutschen Verfassungsentwicklung des 19. Jahrhunderts, in: Festschrift für Ernst Rudolf Huber, 1973, S. 139 ff.
Kotulla, Michael, Die Tragweite der Grundrechte der revidierten preußischen Verfassung von 1850, 1992.
Grimm, Dieter, Die Entwicklung der Grundrechtstheorie in der deutschen Staatsrechtslehre des 19. Jahrhunderts, im Sammelband des Verfassers: Recht und Staat der bürgerlichen Gesellschaft, 1987, S. 308 ff.
Münchhausen, Hans-Georg v., Die Grund- und Freiheitsrechte im geltenden preußischen Recht, Diss. jur. Leipzig, 1909.

Zantopf, Erich, Die Entwicklung der Grundrechte in den Verfassungsurkunden der deutschen Einzelstaaten seit 1848 im Zusammenhang mit den »Grundrechten des deutschen Volkes« vom Jahre 1848, Diss. phil. Greifswald, 1913.
Hartmann, L., Das Gesetz über die Presse vom 12. Mai 1851, 1865.
Siemann, Wolfram (Hg.), Der »Polizeiverein« deutscher Staaten. Eine Dokumentation zur Überwachung der Öffentlichkeit nach der Revolution von 1848/49, 1982.
ders., »Deutschlands Ruhe, Sicherheit und Ordnung«. Die Anfänge der politischen Polizei 1806–1866, 1985.

ders., Gesellschaft im Aufbruch. Deutschland 1849–1871, 2. Aufl. 1993.
Huber, Ernst Rudolf, Grundrechte im Bismarckschen Reichssystem, in: Festschrift für Ulrich Scheuner, 1973, S. 163 ff.

Gerber, Carl Friedrich, Über öffentliche Rechte, 1852;.
ders., Grundzüge eines Systems des deutschen Staatsrechts, 1865.
Laband, Paul, Das Staatsrecht des Deutschen Reiches, Bd. I, 2. Aufl. 1888.
Jellinek, Georg, Allgemeine Staatslehre, Nachdruck der 3. Aufl. 1913.
ders., System der subjektiven öffentlichen Rechte, 2. Auflage 1905.
Bühler, Ottmar, Die subjektiven öffentlichen Rechte, 1914.
Giese, Friedrich, Die Grundrechte, 1905.
Eckhardt, Ernst, Die Grundrechte vom Wiener Kongreß bis zur Gegenwart, 1913.
Wilhelm, Walter, Zur juristischen Methodenlehre im 19. Jahrhundert, 1958.
Oertzen, Peter von, Die soziale Funktion des staatsrechtlichen Positivismus, 1974.
Wahl, Rainer, Rechtliche Wirkungen und Funktionen der Grundrechte im deutschen Konstitutionalismus des 19. Jahrhunderts, in: Der Staat Bd. 18, (1979), S. 321 ff.
Bauer, Hartmut, Geschichtliche Grundlagen der Lehre vom subjektiven öffentlichen Recht, 1986.
Pauly, Walter, Der Methodenwandel im deutschen Spätkonstitutionalismus, 1993.
Smend, Rudolf, Bürger und Bourgeois im deutschen Staatsrecht (1933), jetzt wieder abgedruckt im Sammelband des Verfassers: Staatsrechtliche Abhandlungen, 1955, S. 309 ff.

1. Die Grundrechte der revidierten preußischen Verfassung von 1850

Die preußische Verfassung vom 31. Januar 1850, hervorgegangen aus der »auf dem Wege der Gesetzgebung« revidierten oktroyierten Verfassung vom 5. Dezember 1848[1], war ein charakteristisches Dokument der Reaktionszeit: Sie war der *Prototyp der deutschen konstitutionellen Monarchie,* ein Zwischen- und Übergangszustand von monarchischer zu parlamentarischer Regierung, von der absoluten

---

1 Vgl. die Revisionsklausel des Art. 112 der Verfassung von 1848. – Beide preußische Verfassungen sind abgedruckt bei: *E.R. Huber,* Dokumente zur deutschen Verfassungsgeschichte, Bd. I, 1961, S. 385 ff., 401 ff.

Monarchie zur westeuropäischen Demokratie[2]. Von den frühkonstitutionellen Verfassungen unterschied sie sich durch die weitgehende Überwindung des Ständestaates und durch die prinzipielle Gewährleistung der Bereiche bürgerlicher Autonomie.

Gegenüber der Paulskirchen-Verfassung blieb die preußische Verfassung von 1850 deutlich zurück: Der preußische König konnte sich weiterhin auf die traditionellen tragenden Kräfte des Königreichs stützen: auf die Beamtenschaft und die Armee. Diese blieben dem Einfluß der Volksvertretung entzogen. Das Heer stand sogar außerhalb der Verfassung; es wurde nicht auf die Verfassung vereidigt (Art. 108 II). Alle Akte der Kommandogewalt waren frei von der ministeriellen Gegenzeichnungspflicht, der alle übrigen Akte des Königs unterlagen. Die Regierung stützte sich allein auf das Vertrauen des Königs (Art. 45 S. 2). Diesem stand neben der Mitwirkung an der Gesetzgebung (Art. 62) ein gesetzesabhängiges Verordnungsrecht (Art. 45 S. 3) und ein gesetzesvertretendes Notverordnungsrecht (Art. 63) zu. Ein – analog zu § 101 der Frankfurter Reichsverfassung – ohne Zustimmung des Königs allein vom Parlament beschlossenes Gesetz war ausgeschlossen. Die nachträgliche Einführung des Dreiklassenwahlrechts[3] anstelle des 1848 erlassenen allgemeinen Wahlrechts (Art. 67 ff. der oktroyierten Verfassung) spaltete die Wählerschaft in einflußreiche Besitzende und weniger Begüterte, deren Einfluß erheblich abgestuft wurde.

Der *Grundrechtsteil* – überschrieben »Von den Rechten der Preußen« – fiel nicht nur beträchtlich hinter den Grundrechtskatalog der Paulskirche, sondern auch hinter den der oktroyierten preußischen Verfassung von 1848 zurück, dem er äußerlich entsprach. Durchgehend herrschte die Tendenz vor, die politischen Freiheitsrechte weiter als bisher einzugrenzen und dort, wo bisher keine Gesetzesvorbehalte bestanden, solche einzufügen. So sah Art. 30 II vor, daß die Ausübung der *Versammlungs-* (Art. 29) und der *Vereinigungsfreiheit* (Art. 30) »insbesondere zur Aufrechterhaltung der öffentlichen Sicherheit« durch Gesetz geregelt werden sollte. Politische Vereine

---

[2] E. W. *Böckenförde*, in: Moderne deutsche Verfassungsgeschichte, 2. Aufl. 1981, S. 159 ff.
[3] Eingeführt durch die Notverordnung des Königs vom 30.V.1849, abgedruckt bei: E. R. *Huber* (Anm. 1), Bd. I, 1961, S. 398 ff. Erstaunlicherweise blieb das Dreiklassenwahlrecht in Preußen bis 1918 bestehen.

konnten gemäß Art. 30 III zudem besonderen Beschränkungen und vorübergehenden Verboten im Wege der Gesetzgebung unterworfen werden. Von den umfassenden Sicherungen der *Pressefreiheit*, die in Art. 24 der preußischen Verfassung von 1848 namentlich erwähnt wurden, blieb in der Verfassung von 1850 allein das Zensurverbot erhalten. Darüber hinaus war »jede andere Beschränkung der Preßfreiheit« im Wege der Gesetzgebung möglich (Art. 27 II).

Auch bei anderen Grundrechten sah die Verfassung von 1850 Eingrenzungen vor. Nach Art. 11 konnte die *Auswanderungsfreiheit* »in Bezug auf die Wehrpflicht« beschränkt werden. Die »weitere Ausführung« der Bestimmungen über das *Grundeigentum* blieb besonderen Gesetzen vorbehalten (Art. 42 IV).

In die Verfassung von 1850 wurden ferner die *institutionellen Gewährleistungen*[4] über das Religionswesen (Art. 12 ff.), das Bildungswesen (Art. 20 ff.) und die Grundzüge der Militärverfassung (Art. 35 ff.) übernommen – Regelungen, die nur bedingt im Zusammenhang mit den Grundrechten standen.

Die Tendenz zur Erhaltung, aber auch zur *gesetzlichen Eingrenzung der Grundrechte* entsprach dem gewandelten Zeitgeist nach dem Scheitern der Paulskirchen-Verfassung. Die Frage nach dem Geltungsgrund der Grundrechte, ein Leitthema der Debatten in der Frankfurter Nationalversammlung, trat zurück hinter der Frage nach dem *positiv-rechtlich begründeten Bestandsschutz* der »Rechte der Preußen«. Die vormärzliche Zukunftsverheißung des in den Grundrechten angelegten Modells der modernen Staatsbürgerschaft war nach dem Fehlschlag der Paulskirche verblaßt und einem Beharren auf *Rechtsstaatlichkeit* gewichen, in dem sich das geschwächte Bürgertum und die traditionellen Kräfte monarchischer Staatlichkeit sowie Konservative und Liberale begegneten. *Friedrich Julius Stahl*, der Begründer der Staatslehre des monarchischen Prinzips, hat in der 3. Auflage seiner »Philosophie des Rechts« die wegweisende Zielformel formuliert.

»Der Staat soll Rechtsstaat sein, das ist die Losung und ist auch in Wahrheit der Entwicklungstrieb der neueren Zeit. Er soll die Bahnen und Grenzen seiner Wirksamkeit wie die freie Sphäre seiner Bürger in der Weise des Rechts genau bestimmen und unverbrüchlich sichern und soll

---

4 Siehe zu diesem Begriff: *Carl Schmitt:* Verfassungslehre, 8. Aufl. 1993, S. 170 ff.

die sittlichen Ideen von Staats wegen, also direkt, nicht weiter verwirklichen (erzwingen), als es der Rechtssphäre angehört. Dies ist der Begriff des ›Rechtsstaats‹ ...«[5]

Verschoben hatte sich die materiale Bestimmung des Rechts zugunsten einer formalen. »Rechtsstaat war nun kein Synonym mehr für politische Freiheitsrechte, aktive Bürgerbeteiligung und materielle Gleichheit, sondern verengte sich auf die formal genaue Bestimmung und Sicherung der bürgerlichen Freiheitssphäre«[6]. Diese Sicht entsprach der neuen staatsrechtlichen Lage in der Zeit der Reaktion. Nicht mehr die vom Individuum ausgehende Freiheitsvorstellung stand im Vordergrund, sondern die vom *Gesetzgeber* ausgestaltete und begrenzte Freiheitsverbürgung. Von daher erklärte sich der hohe Stellenwert der Gesetzesvorbehalte im Grundrechtsteil der preußischen Verfassung von 1850.

Die praktische Bedeutung der preußischen Grundrechte war gering. Als vorwiegend *objektive* Rechtsnormen, die durch den Gesetzgeber näher auszugestalten waren, begrenzten die Grundrechte die monarchisch-staatliche Gewalt, genauer: Verwaltung und Rechtsprechung. Alle Eingriffe der öffentlichen Gewalt in die Grundrechte waren verboten, sofern sie der *gesetzlichen* Grundlage entbehrten. Es wurde daher angenommen, daß den Freiheitsrechten nur subjektive öffentliche Rechte »auf Unterlassung ungesetzlicher Eingriffe« innewohnten[7]. Sie enthielten aber nicht eine den Einzelnen direkt begünstigende Garantie seiner Freiheit. Der programmatische Gehalt der Grundrechte verpflichtete den Gesetzgeber nicht, sondern appellierte lediglich an ihn, nähere Regelungen zu erlassen.

---

5 *F. J. Stahl*, Die Philosophie des Rechts Bd. II. 2, 3. Aufl. 1856, S. 137.
6 *M. Stolleis*, Geschichte des öffentlichen Rechts Bd. II, 1992, S. 278.
7 Statt weiterer Nachweise: *G. Anschütz*, Die Verfassungsurkunde für den Preußischen Staat, Bd. I, 1912, S. 500 – am Beispiel der Meinungsfreiheit des Art. 27.

2. Die Einwirkungen des Deutschen Bundes auf die Grundrechte in der Reaktionszeit

Der im September 1850 durch die Präsidialmacht Österreich reaktivierte *Deutsche Bund*, dem sich Preußen und die in der Erfurter Union verbündeten deutschen Einzelstaaten im Mai 1851 wieder anschlossen, forcierte in Deutschland die *Reaktionspolitik*. Gestützt auf die Deutsche Bundesakte von 1815 und die Wiener Schlußakte von 1820 suchte der Bundestag, die revolutionären Errungenschaften wiederaufzuheben. Er begnügte sich nicht damit, durch förmlichen Bundesbeschluß die Grundrechte der Frankfurter Nationalversammlung außer Kraft zu setzen[8], sondern kreierte darüber hinaus einen Bundesausschuß, den sog. *Bundesreaktionsausschuß*, der dafür sorgen sollte, daß die bundeswidrigen Bestimmungen aus den Landesverfassungen – speziell die nach 1848 erweiterten Grundrechtsregelungen – eliminiert wurden[9]. Mit besonderem Nachdruck wandte sich die Bundesversammlung an die Landesregierungen, noch vor Erlaß eines bundeseinheitlichen Pressgesetzes

> »durch alle gesetzlichen Mittel die Unterdrückung der Zeitungen und Zeitschriften unter Bestrafung der Schuldigen herbeizuführen, welche atheistische, sozialistische oder kommunistische oder auf den Umsturz der Monarchie gerichtete Zwecke verfolgen und insbesondere auch dafür Sorge zu tragen, daß es an ausreichenden gesetzlichen Mitteln hierzu in den einzelnen Bundesländern nicht fehle«[10].

Zwar blieben alle Länder des Deutschen Bundes Verfassungsstaaten mit Ausnahme von *Österreich*, dessen Verfassung von 1849 zwei Jahre später wieder aufgehoben wurde, und *Mecklenburg*, wo nach 1848 eine Verfassung beschlossen wurde, deren Einführung jedoch scheiterte[11]. Aber auf Druck des Bundestages hoben fast alle Einzelstaaten die politischen Errungenschaften der Märzrevolution wieder auf:

---

8 Bundesbeschluß vom 23. VIII. 1851 – abgedruckt bei: *E. R. Huber* (Anm. 1), Bd. II, 1964, S. 2.
9 Beschluß über »Maßregeln zur Wahrung der öffentlichen Sicherheit und Ordnung im Deutschen Bund« vom 23. VIII. 1851 – abgedruckt bei: *E. R. Huber* (Anm. 1), Bd. II, 1964, S. 1 f.
10 Siehe Ziff. II des in Anm. 9 nachgewiesenen Bundesbeschlusses.
11 Vgl. dazu: *E. R. Huber*, Deutsche Verfassungsgeschichte Bd. III, 2. Aufl. 1970, S. 220 ff.

Grundrechtsverbürgungen wurden eingeschränkt oder aufgehoben, das allgemeine Wahlrecht in der Regel durch ein Zensuswahlrecht ersetzt. Der König von *Sachsen* hob die Verfassungsgesetze von 1848 auf und stellte die Verfassung vom 4. September 1831 wieder her; der *württembergische* König restituierte nach Auflösung der beiden Kammern den Verfassungszustand von 1819, der Großherzog von *Baden* den von 1818.

Der seit Oktober 1851 tätige *Bundesreaktionsausschuß* prüfte nacheinander die Verfassungen, die Wahl-, Presse- und Vereinsgesetze der Länder und setzte damit die Bundesversammlung in den Stand, säumigen Regierungen Weisungen zu erteilen, wenn sie die revolutionären Neuerungen nicht oder nicht hinreichend beseitigt hatten. Zehn Mitgliedsstaaten wurden durch den Bundestag angewiesen, bestimmte Regelungen ihrer Verfassungen oder Gesetze aufzuheben oder abzuändern. Unter ihnen befand sich auch das Königreich *Hannover*, dessen Landesherr 1855 eine neue Verfassung oktroyierte, die der früheren von 1840 weitgehend entsprach.

Noch einschneidender war das Vorgehen des Bundes gegen *Kurhessen*. Die Verfassungsstreitigkeiten in diesem Lande und die in Etappen folgenden Eingriffe des Bundes erstreckten sich von 1850 bis ins Jahr 1862. Ausgelöst wurde der Konflikt durch die verfassungswidrige Verordnung des Kurfürsten über die Forterhebung der Steuern, nachdem die Volksvertretung ihre Zustimmung zum Budget verweigert hatte. Die Empörung über diesen Verfassungsverstoß beantwortete der Landesherr mit der Ausrufung des Kriegszustands. Da auch das Oberappellationsgericht in Kassel die kurfürstliche Verordnung für verfassungswidrig hielt, verweigerten viele Offiziere unter Berufung auf ihren auf die Verfassung geleisteten Eid die Durchführung des Kriegsrechts und erbaten ihren Abschied. In seiner Bedrängnis wandte sich der Kurfürst an den Bundestag und ersuchte um Bundesintervention, die mit Bundesbeschluß vom 16. Oktober 1850 angeordnet wurde[12]. Nach dem Einmarsch von Bundestruppen hielt das Oberappellationsgericht an seinen Verfassungsbedenken nicht mehr fest[13]. Im Streit mit seinem Militär suchte

---

12 Abgedruckt bei: *E. R. Huber* (Anm. 1), Bd. I, 1961, S. 487.
13 Text des Unterwerfungsbeschlusses und der Unterwerfungserklärung des Oberappellationsgerichts gegenüber dem Bundeskommissar vom 19. XII. 1850 bei: *E.R. Huber* (Anm. 1), Bd. I, 1961, S. 488 ff.

der Kurfürst im Verordnungswege (!), ihm hinderliche Bestimmungen der kurhessischen Verfassung von 1831 auszuhöhlen und den Verfassungseid der Offiziere und Mannschaften abzuschaffen. Da die Empörung unter ihnen weiter anhielt, drängte der Bundestag auf Aufhebung der Verfassung und ermächtigte die eingesetzten Bundeskommissare, eine abgewandelte, der Reaktionspolitik entsprechende Verfassung auszuarbeiten. Auf Beschluß des Bundestages wurde der Kurfürst von Hessen angewiesen (!), diese Verfassung unverzüglich in Kraft zu setzen, was er am 13. April 1852 tat[14]. Dieses unerhörte, fast abenteuerlich anmutende Verfahren enthielt eine Reihe flagranter Verletzungen sowohl kurhessischen als auch des Bundesrechts, die durch nichts zu rechtfertigen waren. Die kurhessische Volkskammer gab dieser oktroyierten Verfassung nach hinhaltendem Widerstand erst 1857 ihre Zustimmung.

Die Konstitution von 1852 schränkte nicht nur die Rechte der Volksvertretung erheblich ein, sondern auch die kurhessischen Grundrechte: Betroffen waren die Gleichheit vor dem Gesetz (§ 26)[15], die Freiheit der Berufswahl (§ 27), der freie Zugang zu öffentlichen Ämtern (§ 28), die Freiheit der Person und des Eigentums (§ 31) sowie die Freiheit der Presse und des Buchhandels (§ 37).

Der kurhessische Verfassungskonflikt flammte erneut auf, als die 1858 neugewählte Volksvertretung im folgenden Jahr die Zustimmung zur oktroyierten Verfassung widerrief. Auf Drängen Preußens befaßte sich der Bundestag wieder mit der Verfassungsfrage; er konnte jedoch erst im Mai 1862 eine allseits befriedende Lösung finden durch die Wiederherstellung der kurhessischen Verfassung vom 5. Januar 1831[16].

Das massive Vorgehen des Deutschen Bundes gegen die Einzelstaaten führte – so läßt sich zusammenfassend sagen – weitgehend zur Zurückdrängung der Freiheits- und Gleichheitsrechte auf den Stand des Vormärz. Unterstützt wurden die Einwirkungen des Bun-

---

14 Vgl. den Text bei: *E. R. Huber* (Anm. 1), Bd. I, 1961, S. 495 f.
15 Die Nummerierung der Paragraphen der Verfassung von 1852 entsprach weitgehend der der Vorgänger-Verfassung von 1831; diese ist ebenfalls bei *E. R. Huber* (Anm. 1), Bd. I, 1961, S. 201 ff., abgedruckt.
16 Der Bundesbeschluß vom 24. V. 1862 ist bei: *E.R. Huber* (Anm. 1), Bd. II, 1964, S. 146 wiedergegeben.

des durch zwei spezielle Bundesgesetze: Das Bundespreß- und das Bundesvereinsgesetz.

Das *Bundespreßgesetz vom 6. Juli 1854*[17] verstärkte die Freiheitsbeschränkungen des Presserechts der Einzelstaaten und war einschneidender als sein 1848 aufgehobener Vorgänger: das im Rahmen der Karlsbader Beschlüsse ergangene Bundespreßgesetz vom 20. September 1819[18]. Das neue Gesetz schrieb für die Ausübung des Berufs eines Druckers, Buchhändlers und Verlegers die Erlangung einer »obrigkeitlichen Bewilligung« vor, die bei Mißbrauch nicht nur durch gerichtliche Entscheidung, sondern auch auf administrativem Wege entzogen werden konnte (§ 2). Jede im Bundesgebiet erscheinende Druckschrift mußte Namen und Wohnort des Druckers und Verlegers, beim Erscheinen im Selbstverlag Namen und Wohnort des Verfassers oder Herausgebers angeben (§ 4). Von jeder Druckschrift sollte vor deren Ausgabe ein Exemplar der von der Landesregierung bestimmten Behörde überreicht werden (§ 5). Für jede im Bundesgebiet erscheinende periodische Druckschrift mußte ein für den Inhalt verantwortlicher Redakteur bestellt und namentlich genannt werden (§ 7), ferner war für diese eine Kaution zu stellen, die bei strafrechtlichen Verurteilungen für die Kosten der Untersuchung und der Strafvollstreckung zu haften hatte (§ 11). Das Preßgesetz bestimmte außerdem, daß in allen Bundesstaaten der Mißbrauch der Presse durch Aufforderung, Anreizung oder Verleitung zu strafbaren Handlungen mit entsprechender Strafe bedroht sein mußte (§§ 16, 17, 18 Abs. 2). Wenn Druckschriften den Tatbestand einer strafbaren Handlung enthielten, war auf ihre Unterdrückung oder Vernichtung zu erkennen (§ 21). Nach § 23 waren die Verwaltungs- und Gerichtsbehörden zum Zweck der Einleitung eines Strafverfahrens befugt, Druckschriften und die zu ihrer Vervielfältigung bestimmten Platten und Formen zu beschlagnahmen. Sämtliche Regierungen der Länder hatten dafür zu sorgen, daß ihre Preß- und Strafgesetze in Übereinstimmung mit dem Bundespreßgesetz gebracht wurden (§ 25).

Die politischen Betätigungen der Bürger wurden zudem durch das *Bundesvereinsgesetz vom 13. Juli 1854*[19] erheblich beschränkt:

---

17 Abgedruckt bei: *E. R. Huber* (Anm. 1), Bd. II, 1964, S. 2 ff.
18 Abgedruckt bei: *E. R. Huber* (Anm. 1), Bd. I, 1961, S. 91 ff.
19 Der Text ist bei: *E. R. Huber* (Anm. 1), Bd. II, 1964, S. 6 f. abgedruckt.

»In allen deutschen Bundesstaaten dürfen nur solche Vereine geduldet werden, die sich darüber genügend auszuweisen vermögen, daß ihre Zwecke mit der Bundes- und Landesgesetzgebung im Einklange stehen und die öffentliche Ordnung und Sicherheit nicht gefährden« (§ 1).

Damit oblag allen Vereinen die Beweislast für die Gesetzmäßigkeit ihrer Zielsetzungen und ihrer Handlungsweise. Die Regierungen der Länder hatten die nötigen Anordnungen zu treffen, um Kenntnis von der Errichtung und den Zwecken aller Vereine in ihrem Gebiet zu erlangen (§ 2). Politische Vereine mußten, sofern sie nicht überhaupt gesetzlich verboten waren, um eine obrigkeitliche Genehmigung nachsuchen. Ungeachtet dessen konnte die Staatsregierung vorübergehende Beschränkungen und Verbote erlassen (§ 3). Sie hatte sich ferner die Befugnis zu verschaffen, Versammlungen solcher Vereine, die sich mit öffentlichen Angelegenheiten befaßten und nicht im Besitz einer staatlichen Genehmigung waren, zu überwachen und bei Gefährdung der öffentlichen Sicherheit und Ordnung aufzulösen (§ 5). Die Angehörigen der bewaffneten Macht besaßen kein Recht zu eigenen Versammlungen und zur Vereinsbildung (§ 6). Arbeitervereine und Verbrüderungen, die politische, sozialistische oder kommunistische Zwecke verfolgten, waren binnen zwei Monaten aufzulösen, und jede Neubildung war zu verbieten (§ 8).

Aber nicht nur Bundespreß- und Bundesvereinsgesetz ließen der politischen Freiheit wenig Raum. Nahezu lückenlos wurde die staatliche Überwachung des Bürgertums durch die seit 1851 bestehende geheime Polizeikooperation der sieben wichtigsten Staaten des Deutschen Bundes im »Polizeiverein«, der dem wechselseitigen Informationsaustausch und der Zusammenarbeit in allen Fragen der inneren Sicherheit und Ordnung diente[20].

Erst in den sechziger Jahren verebbte die Reaktion in Deutschland. Die »Neue Ära« in Preußen, die mit der Thronbesteigung Wilhelms I. 1861 einsetzte, markierte eine Wende hin zu einer liberaler getönten Politik, die auch in anderen Einzelstaaten Widerhall und Nachahmung fand. Das durch den Fehlschlag der Frankfurter Paulskirche traumatisierte Bürgertum wandte sich wieder dem politischen

---

20 Vgl. dazu besonders: *W. Siemann*, »Deutschlands Ruhe, Sicherheit und Ordnung«. Die Anfänge der politischen Polizei 1806–1866, 1985, S. 242 ff. und *derselbe*, Der »Polizeiverein« deutscher Staaten. Eine Dokumentation, 1982.

Leben zu: Die öffentliche Diskussion belebte sich, politische Vereine wurden gegründet, die politischen Parteien formierten sich neu, die Presse und die politische Publizistik nahmen einen beachtlichen Aufschwung. Der 1859 gegründete »*Deutsche Nationalverein*« liberaler und demokratischer Politiker forderte die nationale Einheit und eine einheitliche deutsche Verfassung:

> »Dem Rechtsbewußtsein der Nation und ihrem Verlangen nach Macht und Freiheit entspricht nur Eins, die Ausführung der Reichsverfassung vom 28. März 1849 samt Grundrechten und Wahlgesetz, wie sie von den legal erwählten Vertretern des Volkes beschlossen sind ...«[21]

Diese Forderung blieb jedoch unerfüllt; die Reichsgründung vollzog sich nach Bismarcks Vorstellungen.

3. Die Grundrechtsentwicklung im Kaiserreich

Die Reichsverfassung vom 16. April 1871, die aus der Revision der Verfassung des Norddeutschen Bundes vom 16. April 1867 hervorgegangen war, enthielt keinen Grundrechtskatalog und wich damit von den übrigen konstitutionell-monarchischen Verfassungen des 19. Jahrhunderts ab. Zu den Gründen, die den Verzicht auf Grundrechte nahelegten, zählte in erster Linie der Umstand, daß der Grundrechtsadressat nach den Vorstellungen der Reichsgründungszeit die *Landesstaatsgewalt* war und Grundrechte daher in der Reichsverfassung entbehrlich wären. Die Reichsgründung, die auf der Einigung der deutschen Landesfürsten fußte, sollte sich zudem von den bürgerlichen Verfassungsbestrebungen der Paulskirche abheben, bei denen die Grundrechte von zentraler Bedeutung gewesen waren.

In der Praxis hat sich das Fehlen eines Grundrechtskatalogs eher als Mangel erwiesen, der den dem Rechtsstaatsprinzip verpflichteten Staat des Kaiserreichs in seiner Legitimationskraft schwächte[22]. Schon der Gesetzgeber des Norddeutschen Bundes und später der

---

21 Resolution des *Nationalvereins* vom 6. X. 1862, abgedruckt bei; *E. R. Huber* (Anm. 1) Bd. II, 1964, S. 116.

22 *Ernst Rudolf Huber* sieht in dem Fehlen eines reichseigenen Grundrechtskatalogs eine »auffällige verfassungspolitische Lücke«: Grundrechte im Bismarckschen Reichssystem, in: Festschrift für Ulrich Scheuner, 1973, S. 163 ff. (165).

Reichsgesetzgeber haben diesen Mangel dadurch auszugleichen versucht, daß sie auf der Ebene unterhalb der Verfassung im Wege der einfachen Gesetzgebung *einheitliche Grundrechtsregelungen* erlassen haben. Wenn diese auch formell dem Reichsverfassungsrecht nicht zuzurechnen waren, enthielten sie doch materielles Verfassungsrecht[23]. Nicht weniger als achtzehn solcher gesetzlicher Grundrechtsnormierungen wurden nach und nach geschaffen[24], ohne daß damit freilich das ganze Spektrum eines echten Grundrechtskatalogs abgedeckt wäre:

1. Die Gewährleistung der Freizügigkeit (Freizügigkeitsgesetz vom 1. November 1867, BGBl. S.55);
2. die Gewährleistung der Gewerbefreiheit (§ 1 der Gewerbeordnung vom 21. Juni 1869, BGBl. S.245);
3. die Gewährleistung der Koalitionsfreiheit (§§ 152, 153 der Gewerbeordnung);
4. die Gewährleistung der Bekenntnisfreiheit (Gesetz betr. die Gleichberechtigung der Konfessionen in bürgerlicher und staatsbürgerlicher Hinsicht vom 3. Juli 1869, BGBl. S.292);
5. das Verbot des rückwirkenden Strafgesetzes: »Nulla poena sine lege« (§ 2 des Strafgesetzbuches vom 31. Mai 1870, BGBl. S.197);
6. die Gewährleistung des Briefgeheimnisses (§ 5 des Gesetzes über das Postwesen vom 28. Oktober 1871, RGBl. S.347);
7. die Gewährleistung der Preßfreiheit (Reichsgesetz vom 7. Mai 1874, RGBl. S.65);
8. die Gewährleistung der Unabhängigkeit der Gerichte (§ 1 des Gerichtsverfassungsgesetzes vom 27. Januar 1877, RGBl. S.77);
9. die Gewährleistung des Rechtswegs für bürgerliche Rechtsstreitigkeiten (§ 13 des Gerichtsverfassungsgesetzes);
10. die Gewährleistung des gesetzlichen Richters (§ 16 Satz 2 des Gerichtsverfassungsgesetzes);
11. die Gewährleistung der gerichtlichen Entscheidung von Kompetenzkonflikten (§ 17 des Gerichtsverfassungsgesetzes);

---

23 Grundlegend zu dieser Frage der in Anm.22 erwähnte Aufsatz von *E. R. Huber.*
24 Siehe die folgende Aufstellung, die bei *Huber* (Anm. 22), S. 169 wiedergegeben ist. Die unter Nr. 1–5 aufgezählten norddeutschen Bundesgesetze wurden 1871 als Reichsgesetze rezipiert.

12. die Gewährleistung der Unverletzlichkeit des Besitzes gegen willkürliche Beschlagnahme (§§ 98 – 100 der Strafprozeßordnung vom 1. Februar 1877, RGBl. S.253);
13. die Gewährleistung der Unverletzlichkeit der Wohnung gegen willkürliche Durchsuchung (§§ 102 – 107 der Strafprozeßordnung);
14. die Gewährleistung der Freiheit der Person gegen willkürliche Verhaftung (§ 114 der Strafprozeßordnung);
15. die Gewährleistung des Fernsprech- und Telegraphengeheimnisses (§ 10 des Gesetzes über das Telegraphenwesen des Deutschen Reichs vom 6. April 1892, RGBl. S.467);
16. die Gewährleistung der Vereins- und Versammlungsfreiheit (Reichsvereinsgesetz vom 19. April 1908, RGBl. S.151);
17. die Gewährleistung des Amtshaftungsanspruchs bei Amtspflichtverletzungen von Reichsbeamten (Reichshaftpflichtgesetz vom 22. Mai 1910, RGBl. S.798);
18. die Gewährleistung des Entschädigungsanspruchs mit entsprechender Rechtsweggarantie bei Enteignungsakten[25] wie bei Aufopferungsakten des Reichs[26].

So wie ohne die Zustimmung der Volksvertretung die einfach gesetzlichen Grundrechtsregelungen nicht zustande kommen konnten, so lag auch die wesentliche Schutzfunktion für die bürgerliche Freiheit

---

25 *Huber* (Anm. 22) erwähnt auf S. 170 Anm. 13 die folgenden Fälle der reichsgesetzlichen *Enteignungsentschädigung* mit Rechtsweggarantie: § 41 Abs. 4 des Reichsgesetzes betreffend die Beschränkung des Grundeigentums in der Umgebung von Festungen (Rayongesetz) vom 21. Dezember 1871 (RGBl. S.459); Reichsgesetz über Kriegsleistungen vom 13. Juni 1873 (RGBl. S.129); § 5 des Patentgesetzes vom 25. Mai 1877 (RGBl. S.501) betr. die Erteilung einer Zwangslizenz.
26 In Anm. 14 auf S. 170 zählt *Huber* (Anm. 22) die folgenden Fälle der reichsgesetzlichen *Aufopferungsentschädigung* auf: Verbot der Benutzung einer gewerblichen Anlage wegen überwiegender Nachteile für das Gemeinwohl (§ 51 GewO); Eigentumsbeschränkungen im Festungsbereich (§ 34 Reichsrayongesetz); Tötung seuchenbefallener Tiere (§ 3 des Gesetzes gegen die Rinderpest vom 7. April 1869, BGBl. 105; §§ 58, 59 Viehseuchengesetz vom 23. Juni 1880, RGBl. S.153); Vernichtung reblausverseuchter Rebpflanzungen (§ 2 Reblausgesetz vom 6. Juli 1904, RGBl. S. 261); Inanspruchnahme privaten Grundeigentums für Telegraphenleitungen (§§ 2 – 6, 12 Telegraphengesetz vom 18. Dezember 1899, RGBl. S. 705).

beim Parlament. Wie schon oben dargelegt[27], entsprach diese Sicht den gewandelten Vorstellungen nach der Jahrhundertmitte: Im Vordergrund stand nicht mehr – wie noch in der Paulskirche – die vom Individuum ausgehende selbstbestimmte Freiheit, sondern die vom *Gesetzgeber* ausgestaltete und begrenzte Freiheitsverbürgung.

4. Die positivistische Grundrechtstheorie in der zweiten Hälfte des 19. Jahrhunderts

Untermauert wurde die Grundrechtsauffassung in der Zeit der spätkonstitutionellen Monarchie durch die von *Carl Friedrich Gerber* begründete Grundrechtstheorie der *positivistischen Staatsrechtslehre*. In seiner 1852 erschienenen Schrift »Über öffentliche Rechte« wandte sich Gerber scharf gegen die zeitgenössische Staatsrechtslehre, die politische Wunschvorstellungen in das geltende Staatsrecht hineininterpretiere und bei der rein äußeren Beschreibung der Verfassungszustände stehen bleibe. Eine wissenschaftliche Erfassung des öffentlichen Rechts habe das *juristische* Prinzip zu ermitteln, auf welchem das positive Recht beruhe[28]. Mittelpunkt des öffentlichen Rechts sei nicht wie im Privatrecht die Gesamtheit der individuellen Berechtigungen der Personen, sondern der *Staat als Organismus*[29]. Öffentliches Recht sei seinem Wesen nach objektives Recht und nicht wie im Privatrecht ein System subjektiver Rechte. Allerdings räumte Gerber ein, daß das objektive öffentliche Recht

> ... »notwendig der steten und geregelten Ausübung (bedarf) und zu diesem Zwecke der Anknüpfung an bestimmte Personen. So wird die Staatsgewalt nach ihren verschiedensten Richtungen an die Person des Monarchen, und in abgeleiteter Weise an die Vertreter bestimmter Ämter angeknüpft. Das objektive öffentliche Recht wird in dieser Hinsicht subjektiviert«[30]

Dieses »subjektivierte« Recht dürfe aber nicht willkürlich, sondern nur zur Wahrnehmung öffentlicher Funktionen ausgeübt werden.

---

27 Siehe dazu die Ausführungen oben S. 31 f.
28 *C. F. Gerber*, Über öffentliche Rechte, 1852 (Nachdruck 1913), S. 12.
29 Ebenda, S. 27 u. öfter.
30 Ebenda, S. 27.

III. Kapitel

Den *Grundrechten* sprach Gerber hingegen jegliche Subjektivierung ab. Die staatsrechtliche Stellung des Bürgers sei die eines »staatlich Beherrschten und mit diesem Begriffe vollständig bezeichnet«[31]. Die Bedeutung der Freiheitsrechte könne nur in etwas Negativem gesehen werden – nämlich darin, daß sich der Staat bei der Ausübung der Staatsgewalt innerhalb seiner naturgemäßen Schranken halte und den Teil der menschlichen Persönlichkeit von seinem Einfluß frei lasse, welcher der zwingenden Einwirkung des allgemeinen Willens nicht unterworfen sein könne:

»Die Volksrechte sind also lediglich negative Rechte, Rechte auf Anerkennung der freien, d.h. nichtstaatlichen Seite der Persönlichkeit ... Immer bleiben diese Rechte nur Negationen und Zurückweisungen der Staatsgewalt in den Grenzen ihrer Befugnisse; sie sind nur die Schranken der Rechte des Monarchen vom Gesichtspunkt der Untertanen aus betrachtet .... Es sind objektive, abstrakte *Rechtssätze* über die Ausübung der Staatsgewalt«[32].

Überschritten die staatlichen Organe die durch die Grundrechte gezogenen Grenzen, so billige Gerber allerdings dem Einzelnen Abwehransprüche zu, die sich jedoch nicht aus den Grundrechten ergäben, sondern aus niederrangigem Gesetzesrecht.

Gerbers richtungweisende Schrift bezweckte, die in der Paulskirche erreichte Gleichrangigkeit von Herrschaftsrecht des Monarchen und Grundrechten aufzuheben und dogmatisch die Unterwerfung der Bürger unter die Staatsgewalt zu rechtfertigen. »Der rein objektive Charakter der Grundrechte war nötig, um die Überlegenheit des Monarchenrechts vor den Individualrechten zu wahren ... Ihrem methodologischen Anspruch zum Trotz erfüllte die Grundrechtstheorie damit eine politische Funktion, weil die Methode selbst politisch war«[33].

Gerbers Grundrechtsauffassung setzte sich allerdings erst im Kaiserreich durch. *Paul Laband* übernahm sie in seinem Reichsstaatsrecht, dem führenden Lehrbuch dieser Zeit:

---

31 Ebenda, S. 63.
32 Ebenda, S. 64 f. (Hervorhebung im Originaltext).
33 Vgl. dazu: *D. Grimm*, Recht und Staat der bürgerlichen Gesellschaft, 1987, S.308 ff. (332 f. mit weiteren Nachweisen).

Die Zeit der Reaktion und das Kaiserreich von 1871

»Die Freiheitsrechte oder Grundrechte sind Normen für die Staatsgewalt, welche diese sich selbst gibt, sie bilden Schranken für die Machtbefugnisse der Behörden, sie sichern dem Einzelnen seine natürliche Handlungsfreiheit in bestimmtem Umfange, aber sie begründen nicht subjektive Rechte der Staatsbürger. Sie sind keine Rechte, denn sie haben kein Objekt«[34].

Daß es trotz allemdem in den Landesverfassungen Grundrechtsverbürgungen gab, deren Formulierungen für das Vorliegen subjektiver Rechte sprach, suchte die positivistische Staatsrechtslehre damit abzutun, daß es sich dabei lediglich um eine »historische Reminiszenz an ehemalige Eingriffe der Staatsgewalt (handele), welche mit den heutigen Rechts- und Kulturzuständen nicht mehr oder wenigstens nicht mehr in demselben Umfang wie früher vereinbar erscheinen«[35].

Differenzierter verteidigte *Georg Jellinek*[36] die positivistische Grundrechtstheorie des Kaiserreichs: In seiner bis heute geläufigen Statuslehre wies er jedem Staatsmitglied

einen »Status zu, in dem er Herr ist, eine staatsfreie, das Imperium verneinende Sphäre. Es ist die der individuellen Freiheitssphäre, des negativen Status, des status libertatis, in welcher die streng individuellen Zwecke durch die freie Tat des Individuums ihre Befriedigung finden ...«[37].

Die individuelle Freiheitssphäre sollte sowohl gegenüber der staatlichen Verwaltung und der Justiz als auch gegenüber dem *Gesetzgeber* geschützt werden[38]. Für diesen bedeutete das einerseits das Verbot, in bestimmten Richtungen neue Freiheitsbeschränkungen zu erlassen, andererseits das Gebot, bestimmte Prinzipien einer künftigen Gesetzgebung zugrunde zu legen. Allerdings würde ein im Widerspruch mit einer Grundrechtsnorm entstandenes Gesetz volle formelle und materielle Gesetzeskraft besitzen. Und in keinem Falle würde dem Einzelnen ein wie auch immer gearteter Anspruch auf das Erlassen eines Gesetzes gegeben. Durch die dem Gesetzgeber

---

34 P. Laband, Das Staatsrecht des Deutschen Reiches, Bd. I, 1876, S. 149.
35 P. Laband (Anm. 34), Bd. I, 2. Aufl. 1888, S. 142 Anm. 1.
36 G. Jellinek, System der subjektiven öffentlichen Rechte, 1892 – hier zitiert nach der 2. Auflage 1905.
37 Ebenda, S. 87.
38 Siehe – auch zum Folgenden – ebenda, S. 96 f.

zugewandte Seite der Freiheitsrechte werde daher *kein Individualrecht* begründet. Daß die aufgrund von Grundrechten erlassenen Gesetze dem individuellen Interesse zugute kämen, sei *Reflexwirkung objektiven Rechts*, nicht Erfüllung eines subjektiven Anspruchs.

Im Unterschied zu Gerber sprach Jellinek den Grundrechten gegenüber der *Verwaltung* eine subjektive individualisierte rechtliche Forderung zu[39]. Durch Schaffung der Verwaltungsgerichte sei »das Individualinteresse, welches in den legislatorischen Formulierungen der Grundrechte verborgen lag, ausdrücklich anerkannt und geschützt worden«[40]. Allerdings verlangten die Grundrechte nach einer gesetzlichen Regelung ihrer *Ausübung*, da eine Freiheit schlechthin letztendlich den Staat zerstören würde[41]. Für den Inhalt solcher Regelungen gäbe es keine allgemein gültige Formel, weil jeder Staat auf seine individuellen Verhältnisse Rücksicht zu nehmen habe. Jellinek folgerte daraus, daß alle Freiheiten notwendigerweise auf die allumfassende Formel zurückgeführt werden müßten:

> »Das Individuum soll vom Staate zu keiner gesetzwidrigen Leistung herangezogen werden und hat demnach einen auf Anerkennung seiner Freiheit beruhenden Anspruch auf Unterlassung und Aufhebung der diese Norm überschreitenden obrigkeitlichen Befehle. ... Alle Freiheit ist einfach Freiheit von gesetzwidrigem Zwange«[42].

Jellinek kannte nur noch die Freiheit im Singular; von Freiheitsrechten zu sprechen, war für ihn juristisch unkorrekt und rührte von ehemalig vorhandenen Freiheitsbeschränkungen her.

Kurz vor dem Ende des Kaiserreichs gab *Ottmar Bühler* einen Überblick über die Entwicklung der Grundrechtstheorie und kam zu dem Ergebnis, daß den Grundrechten nunmehr keine Bedeutung mehr zukomme[43]. Seitdem sich der *Grundsatz der Gesetzmäßigkeit der Verwaltung* in Praxis und Theorie durchgesetzt habe, seien die einzelnen Grundrechtsbestimmungen überholt[44]. »Anders ausge-

---

39 Ebenda, S. 101 f.
40 Ebenda, S. 102.
41 Siehe – auch zum Folgenden – ebenda, S. 103.
42 Ebenda, S. 103.
43 O. *Bühler*, Die subjektiven öffentlichen Rechte, 1914, S. 61 ff.
44 Ebenda, S. 129.

drückt: die Grundrechte enthalten eine kasuistisch gefaßte Darlegung des Prinzips der gesetzmäßigen Verwaltung«[45].

Damit entsprach die Grundrechtstheorie nicht nur der obwaltenden Staatspraxis, sondern auch dem Zeitgeist des Kaiserreiches. Der bürgerliche Rechtsstaat hatte den vormärzlichen Polizeistaat überwunden, und das Bürgertum begnügte sich mit dem *gesetzlichen* Schutz seiner Privatsphäre und seiner Wirtschaftsinteressen im obrigkeitlichen Kaiserreich – freilich um den Preis des Verlustes seiner *politischen* Freiheitsrechte. Aus dem Bürger, den die Paulskirchen-Verfassung mit allen Freiheitsrechten ausgestattet hatte, war der Bourgeois geworden, der »kluge und eigennützige Individualist«[46]. Aus den Grundrechten, die einst als Fanal zum Aufbruch in eine neue vom Bürgertum getragene Ordnung von Staat und Gesellschaft galten, waren bloße Reminiszenzen an den überwundenen Polizeistaat des Vormärz geworden – fürwahr eine trostlose Bilanz.

---

45 G. *Anschütz*, Die Verfassungsurkunde für den Preußischen Staat, Bd. I, 1912, S. 96.
46 R. *Smend*, Bürger und Bourgeois im deutschen Staatsrecht, jetzt in den Staatsrechtlichen Abhandlungen des Verfassers, 1955, S. 309 ff. (313 f.)

IV. Kapitel

Die Grundrechtsentwicklung in der Weimarer Republik

Literatur

Huber, Ernst Rudolf, Deutsche Verfassungsgeschichte Bd. V, 1978 und Bd. VI, 1981.
Anschütz, Gerhard, Die Verfassung des Deutschen Reichs. Kommentar, 2. Aufl. 1922 und 14. Aufl. 1933.
Wittmayer, Leo, Die Weimarer Reichsverfassung, 1922.
Calker, Wilhelm van, Grundzüge des deutschen Staatsrechts, 2. Aufl. 1928.
Freytagh-Loringhoven, Axel Frhr. v., Die Weimarer Verfassung in Lehre und Wirklichkeit, 1924.

Holstein, Günther, Von Aufgaben und Zielen heutiger Staatsrechtswissenschaft, in: AöR NF Bd. 11 (1926), S. 1 ff.
Heller, Hermann, Rechtsstaat oder Diktatur? (1930), jetzt in den Gesammelten Schriften des Verfassers, Bd. II, (1971), S. 443 ff.
ders., Bemerkungen zur staats- und rechtstheoretischen Problematik der Gegenwart, in: AöR NF Bd. 16, (1929), S. 321 ff. – jetzt auch in den Gesammelten Schriften des Verfassers, Bd. II (1971), S. 249 ff.

Erdmann, Karl Dietrich – Schulze, Hagen (Hg.), Weimar – Selbstpreisgabe einer Demokratie, 1980.
Böckenförde, Ernst-Wolfgang, Der Zusammenbruch der Monarchie und die Entstehung der Weimarer Republik, in: Deutsche Verwaltungsgeschichte Bd. IV, 1985, S. 1 ff.
Kolb, Eberhard, Die Weimarer Republik, 2. Aufl. 1988.
Bracher, Karl Dietrich, Die Auflösung der Weimarer Republik, 5. Aufl. 1971.
Kröger, Klaus, Einführung in die jüngere deutsche Verfassungsgeschichte (1806–1933), 1988, S. 129 ff.

Thoma, Richard, Das System der subjektiven öffentlichen Rechte und Pflichten, in HdB DStR (hg. von *Gerhard Anschütz und Richard Thoma*) Bd. II, (1932), S. 607 ff.
Jellinek, Walter, Der Schutz des öffentlichen Rechts, in: VVDStRL H 2, (1925), S. 8 ff.

Bühler, Ottmar, Zur Theorie des subjektiven öffentlichen Rechts, in: Festschrift für Fritz Fleiner, 1927, S. 26 ff.
Morstein Marx, Fritz, Variationen über die richterliche Zuständigkeit zur Prüfung der Rechtmäßigkeit des Gesetzes, 1927.
Schack, Friedrich, Zur richterlichen Prüfung der Rechtmäßigkeit der Gesetze und Verordnungen ..., in: AöR Bd. 41 (1921), S. 163 ff.
Jellinek, Walter, Grenzen der Verfassungsgesetzgebung, 1931.
Thoma, Richard, Das richterliche Prüfungsrecht, in: AöR Bd. 43 (1922), S. 267 ff.
Triepel, Heinrich, Streitigkeiten zwischen Reich und Ländern, in: Festgabe für Wilhelm Kahl, 1923, Teil II.
ders., Der Weg der Gesetzgebung nach der neuen Reichsverfassung, in: AöR Bd. 39 (1920), S. 456 ff.
Maurer, Hartmut, Das richterliche Prüfungsrecht zur Zeit der Weimarer Verfassung, in: DöV 1963, S. 683 ff.
Thoma, Richard, Die Funktionen der Staatsgewalt. Grundbegriffe und Grundsätze, in: HdB DStR Bd. II, (1932), S. 108 ff.
Nawiasky, Hans und *Kaufmann, Erich,* Die Gleichheit vor dem Gesetz im Sinne des Art. 109 der Reichsverfassung, in: VVDStRL H 3 (1927), S. 2 ff. und 25 ff.
Leibholz, Gerhard, Die Gleichheit vor dem Gesetz, 1925.
Hippel, Ernst von, Zur Auslegung des Art. 109 I der Reichsverfassung, in: AöR NF Bd. 10, (1926), S. 124 ff.
Aldag, Heinrich, Die Gleichheit vor dem Gesetz in der Reichsverfassung, 1925.
Schmitt, Carl, Unabhängigkeit der Richter, Gleichheit vor dem Gesetz und Gewährleistung des Privateigentums nach der Weimarer Reichsverfassung, 1926.
Hensel, Albert, Die Rangordnung der Rechtsquellen, insbesondere das Verhältnis von Reichs- und Landesgesetzgebung, in: HdB DStR Bd. II, (1932), S. 313 ff.
Kröger, Klaus, Der Wandel des Grundrechtsverständnisses in der Weimarer Republik, in: Freundesgabe für Alfred Söllner, 1990, S. 299 ff.

Schmitt, Carl, Inhalt und Bedeutung des zweiten Hauptteils der Reichsverfassung, in: HdB DStR Bd. II, (1932), S. 572 ff.
ders., Verfassungslehre (1928), 8. Aufl. 1993, S. 157 ff.
ders., Freiheitsrechte und institutionelle Garantien der Reichsverfassung, 1931.
Thoma, Richard, Grundrechte und Polizeigewalt, in: Festgabe für das preußische OVG, 1925, S. 183 ff.
ders., Die juristische Bedeutung der grundrechtlichen Sätze der deutschen Reichsverfassung im allgemeinen, in: *Hans Carl Nipperdey,* Die

IV. Kapitel

Grundrechte und Grundpflichten der Reichsverfassung, Bd. I, (1929), S. 1 ff.

Smend, Rudolf, Verfassung und Verfassungsrecht (1928), jetzt in der Aufsatzsammlung des Verfassers: Staatsrechtliche Abhandlungen, 2. Aufl. 1968, S. 119 ff.

ders., Das Recht der freien Meinungsäußerung (1928), ebenda S. 89 ff.

ders., Bürger und Bourgeois im deutschen Staatsrecht (1933), ebenda S. 309 ff.

Kaufmann, Erich, Die Gleichheit vor dem Gesetz im Sinne des Art. 109 der Reichsverfassung (1926), jetzt in den Gesammelten Schriften des Verfassers Bd. 3,(1960), S. 246 ff.

Hensel, Albert, Grundrechte und politische Weltanschauung, 1931.

Giere, Gustav, Das Problem des Wertsystems der Weimarer Grundrechte, 1932.

Huber, Ernst Rudolf, Bedeutungswandel der Grundrechte, in: AöR NF Bd. 23, (1933), S. 1 ff.

Ule, Carl-Hermann, Über die Auslegung der Grundrechte, in: AöR NF Bd. 21, (1932), S. 37 ff.

Hofacker, Wilhelm, Grundrechte und Grundpflichten der Deutschen, 1926.

Planitz, Hans, Zur Ideengeschichte der Grundrechte, in: *Hans Carl Nipperdey* (Hg.), Die Grundrechte und Grundpflichten der Deutschen, Bd. III, (1930), S. 597 ff.

Rennert, Klaus, Die »geisteswissenschaftliche Richtung« in der Staatsrechtslehre der Weimarer Republik, 1987.

Huber, Ernst Rudolf, Verfassungswirklichkeit und Verfassungswert im Staatsdenken der Weimarer Zeit, in: Festschrift für Gustav Schmelzeisen, 1980, S. 126 ff.

Friedrich, Manfred, Der Methoden- und Richtungsstreit. Zur Grundlagendiskussion der Weimarer Staatsrechtslehre, in: AöR Bd. 102 (1977), S. 161 ff.

Smend, Rudolf, Die Vereinigung der Deutschen Staatsrechtslehrer und der Richtungsstreit, in: Festschrift für Ulrich Scheuner, 1973, S. 575 ff.

Scheuner, Ulrich, Die Vereinigung der Deutschen Staatsrechtslehrer in der Zeit der Weimarer Republik, in: AöR Bd. 97 (1972), S. 349 ff.

Böckenförde, Ernst-Wolfgang, Grundrechtstheorie und Grundrechtsinterpretation, in: NJW 1974, S. 1529 ff., wieder abgedruckt im Sammelband des Verfassers: Staat, Gesellschaft, Freiheit, 1976, S. 221 ff.

Graner, Renate, Die Staatsrechtslehre in der politischen Auseinandersetzung der Weimarer Republik, 1980.

Kröger, Klaus, Grundrechtstheorie als Verfassungsproblem, 1978.

Häberle, Peter, Die Wesensgehaltsgarantie des Art. 19 Absatz 2 Grundgesetz, 2. Aufl. 1972.

Mols, Manfred Heinrich, Allgemeine Staatslehre oder politische Theorie?

Interpretationen zu ihrem Verhältnis am Beispiel der Integrationslehre Rudolf Smends, 1969.

Poeschel, Jürgen, Anthropologische Voraussetzungen der Staatslehre Rudolf Smends, 1978.

1. Die Neuordnung in Deutschland und die Weimarer Grundrechtsregelungen

Nicht nur durch die militärische Niederlage, sondern auch durch den politischen Zusammenbruch zerfiel die konstitutionelle Monarchie in Deutschland, die den realen gesellschaftlichen Verhältnissen nicht mehr zu entsprechen vermochte. Die Vorentscheidung für die Neuordnung Deutschlands fiel noch 1918 zugunsten eines *liberaldemokratischen parlamentarischen Verfassungsstaates*[1]. Der Fortbestand des Reiches, die Kontinuität des bisherigen Parteiensystems und der Reichsverwaltung[2] ebneten trotz revolutionärer Umtriebe den Weg zur Weimarer Nationalversammlung, die bereits am 6. Februar 1919 zusammentreten konnte.

Die neue Ordnung, die durch die *Weimarer Reichsverfassung* vom 11. August 1919 begründet wurde, entsprach dem Typus des westeuropäischen Verfassungsstaates, in welchem die *Grundrechte* einen hohen Stellenwert besitzen. Mit der Ablösung der konstitutionellen Monarchie durch die rechtsstaatliche demokratische Republik fiel auch in Deutschland den Grundrechten eine gesteigerte politische Bedeutung zu. Solange die Monarchie den geschichtlichen Gehalt des Staates symbolisierte und repräsentierte und zugleich der staatlichen Ordnung ihre charakteristische Legitimität gab, konnte sich die Vorstellung durchsetzen, in den Grundrechten in erster Linie negative, staatsbegrenzende Rechte zu sehen[3]. Mit der Neuordnung des Reiches durch die Weimarer Reichsverfassung hingegen rückte die positive, *staatsbegründende* Seite der Grundrechte in den Mittelpunkt: Die rechtsstaatliche demokratische Republik betonte die

---

1 Siehe im Näheren: *E. R. Huber,* Deutsche Verfassungsgeschichte Bd. V, 1978, S. 777 ff.; 841 ff.
2 Vgl. den Überblick bei: *E. R. Huber* (Anm. 1), S. 953 ff., 742 ff.
3 So mit Recht: *R. Smend,* Verfassung und Verfassungsrecht (1928), jetzt in den Staatsrechtlichen Abhandlungen des Verfassers, 2. Aufl. 1968, S. 119 ff. (267).

personale Freiheit der Bürger als Grundlage des neukonstituierten Staates[4]. Der Staatsangehörige war nicht mehr in erster Linie nur Adressat staatlichen Grundrechtsschutzes[5], sondern vor allem Grundrechts*träger* und Staatsbürger, der sowohl sein Leben selbstbestimmen als auch an der politischen Willensbildung des Volkes teilnehmen sollte.

Mit dem Wegfall der Reste vorgegebener staatlicher Einheit in ihrer Verkörperung durch die Person des Landesherrn und dem Verlust der Traditionsbestände geschichtlich gewordener territorialer Ordnungen trat die Aufgabe der ständig neu zu gewinnenden und fortzubildenden Einheit des Staates aus der Pluralität der Interessen, Vorstellungen und Zielsetzungen der gesellschaftlichen Kräfte umso eindringlicher hervor[6]; ihre verfassungsrechtliche Legitimation lag vornehmlich in den Grundrechten der Bürger. Der demokratische Staat des beginnenden 20. Jahrhunderts wurde zu einem Stück *Selbstorganisation der modernen Industriegesellschaft*.

In der Weimarer Nationalversammlung bestand keine Einigkeit über die Gestaltung des *Grundrechtsteils der Reichsverfassung*. Am weitesten ging wohl der Linksliberale *Friedrich Naumann*, dessen »Versuch volksverständlicher Grundrechte« anstelle eines herkömmlichen Grundrechtskatalogs »der skurile Beitrag eines originellen Außenseiters«[7] blieb. Die Mehrheit neigte dazu, an die liberalen Grundrechte der Frankfurter Paulskirchenverfassung anzuknüpfen, jedoch das Grundrechtssystem in verschiedene Richtungen weiter auszubauen.

Eine besondere Akzentsetzung lag darin, daß der *Gleichheitsgrundsatz* an den Anfang des Weimarer Grundrechtskatalogs gestellt wurde (Art. 109). Männer und Frauen sollten grundsätzlich dieselben staatsbürgerlichen Rechte und Pflichten haben (Art. 109 II). Öf-

---

4 In diesem Sinne, allerdings für den heutigen Rechtsstaat formuliert: *Ulrich Scheuner*, Die neuere Entwicklung des Rechtsstaats in Deutschland (1960), jetzt in der Aufsatzsammlung des Verfassers: Staatstheorie und Staatsrecht, 1978, S. 185 ff. (206).
5 Vgl. dazu die Ausführungen oben in Kapitel III.
6 Siehe hierzu besonders, allerdings für die Gegenwart formuliert: *Konrad Hesse*, Grundzüge des Verfassungsrechts der Bundesrepublik, 19. Aufl. 1993, S. 5 ff.
7 *E. R. Huber* (Anm. 1), S. 1199. Die im Folgenden genannten Artikel beziehen sich auf die Weimarer Reichsverfassung vom 11. VIII. 1919.

fentlich-rechtliche Vorrechte oder Nachteile der Geburt oder des Standes waren aufzuheben (Art. 109 III S. 1).

Nicht minder bedeutsam waren die herkömmlichen *klassischen Freiheitsrechte* in der Reichsverfassung: die Freizügigkeit (Art. 111), die Auswanderungsfreiheit und das Auslieferungsverbot (Art. 112 I und III), die Freiheit der Person (Art. 114), die Unverletzlichkeit der Wohnung (Art. 115), das Verbot der Rückwirkung von Strafgesetzen (Art. 116), das Brief-, Post- und Fernsprechgeheimnis (Art. 117), die Meinungs- und Pressefreiheit sowie das Zensurverbot (Art. 118), die Versammlungsfreiheit (Art. 123), die Vereinigungs- und Koalitionsfreiheit (Art. 124, 159), das Petitionsrecht (Art. 126), die Glaubens- und Gewissensfreiheit (Art. 135), die Freiheit der Kunst und der Wissenschaft unter Einschluß ihrer Lehre (Art. 142), die Handels- und Gewerbefreiheit (Art. 151 III), die Vertrags- und Testierfreiheit (Art. 152 I, 154 I).

Neben diesen Grundrechten fanden auch »*institutionelle Garantien*«[8], mit denen traditionell feststehende Normenkomplexe gewährleistet werden sollten, Aufnahme in die Weimarer Reichsverfassung: die Selbstverwaltung der Gemeinden und Gemeindeverbände (Art. 127), das Berufsbeamtentum (Art. 128 ff.), die unabhängige Rechtspflege (Art. 102 ff.), die Gewährleistung der Religionsgesellschaften (Art. 137), der Schutz des Sonntags und der staatlichen Feiertage (Art. 139), der Religionsunterricht an staatlichen Schulen (Art. 149), ferner die im Privatrecht verankerten *Institutsgarantien* des Privateigentums (Art. 153), der Ehe (Art. 119) und des Erbrechts (Art. 154).

Darüber hinaus nahm der Grundrechtsteil der Weimarer Reichsverfassung eine Reihe sachlicher *Zielsetzungen und Programmpunkte* künftiger gesellschaftlicher Ordnung auf, deren Verwirklichung zu den vordringlichsten staatlichen Aufgaben gehören sollte: Im Bereich von *Ehe und Familie* standen die soziale Förderung der Familie und die ausgleichende Fürsorge für kinderreiche Familien im Vordergrund (Art. 119 II), im *Jugendrecht* die gesetzliche Sicherung der »gleichen Bedingungen für die leibliche, seelische und gesellschaftli-

---

[8] Der Begriff geht auf C. *Schmitt* zurück: Freiheitsrechte und institutionelle Garantien der Reichsverfassung, 1931; *derselbe* schon: Verfassungslehre (1928), 8. Aufl. 1993, S. 170 ff.

che Entwicklung« der unehelichen Kinder wie der ehelichen (Art. 121) und der Schutz der Jugend »gegen Ausbeutung sowie gegen sittliche, geistige oder körperliche Verwahrlosung« (Art. 122 I). Umfangreiche Vorgaben für die Gesetzgebung und Verwaltung normierte der Abschnitt »*Bildung und Schule*« (Art. 142–150). Das Verhältnis von Staat und *Religionsgesellschaften* wurde verfassungsrechtlich neu geregelt, und erforderlich werdende Detailregelungen wurden in Aussicht gestellt (Art. 136–141). Das *Wirtschaftsleben* unterlag besonderen staatlichen und sozialen Bindungen, die im einzelnen der Konkretisierung bedurften: »Die Ordnung des Wirtschaftslebens muß den Grundsätzen der Gerechtigkeit mit dem Ziele der Gewährleistung eines menschenwürdigen Daseins für alle entsprechen« (Art. 151 I S. 1). Sache des Gesetzgebers war es, Inhalt und Schranken des Eigentums zu regeln (Art. 153 I S. 2).

> »Die Verteilung und Nutzung des Bodens wird von Staats wegen in einer Weise überwacht, die Mißbrauch verhütet und dem Ziel zustrebt, jedem Deutschen eine gesunde Wohnung und allen deutschen Familien, besonders den kinderreichen, eine ihren Bedürfnissen entsprechende Wohn- und Wirtschaftsheimstätte zu sichern« (Art. 155 I S. 1).

Zum Wohle der Allgemeinheit konnten »für die Vergesellschaftung geeignete private wirtschaftliche Unternehmungen in Gemeineigentum« überführt werden (Art. 156 I). Ferner hatte der Staat ein einheitliches Arbeitsrecht zu schaffen (Art. 157 II) und die geistige Arbeit besonders zu schützen (Art. 158). Der selbständige Mittelstand war in Gesetzgebung und Verwaltung zu fördern und gegen Überlastung und Aufsaugung zu sichern (Art. 164).

Art. 165 II und III sah eine mehrstufige *Räteorganisation* zur Wahrung der sozialen und wirtschaftlichen Interessen der Arbeiter und Angestellten vor, das unausweichliche Zugeständnis der Nationalversammlung an die sozialrevolutionäre Linke. Diese weithin Modell gebliebene Organisationsform[9] war mit dem Tarifvertrags- und Koalitionsrecht der Berufsverbände (Art. 159) kaum vereinbar.

---

9 Eingeführt wurden lediglich *Betriebsräte*, die sich zum Teil schon vor dem Erlaß des Betriebsrätegesetzes vom 4. II. 1920 (RGBl. S. 147) gebildet hatten. – Der »*vorläufige Reichswirtschaftsrat*« entstand unabhängig von der Rätebasis als unabhängiges Reichsorgan durch die Verordnung der Reichsregierung vom 4. V. 1920 (RGBl. S. 858).

Eine Besonderheit des Grundrechtsteils war die Statuierung von *Grundpflichten* der Bürger. Diese verfassungsgesetzlichen Pflichten bedurften in der Regel konkreter Ausgestaltung durch den einfachen Gesetzgeber: Die Pflicht zur Übernahme ehrenamtlicher Tätigkeiten (Art. 132), zur Leistung »persönlicher Dienste für den Staat und die Gemeinden« (Art. 133 I), die Wehrpflicht (Art. 133 II S. 1), die Schulpflicht (Art. 145), die Pflicht der Eltern »zur Erziehung des Nachwuchses zur leiblichen, seelischen und gesellschaftlichen Tüchtigkeit« (Art. 120), die Pflicht zur Arbeit (Art. 163 I). Nach Art. 153 III verpflichtete auch das Eigentum; »sein Gebrauch soll zugleich Dienst sein für das Gemeine Beste«.

Die hohen Erwartungen, die durch die vielfältigen Zielsetzungen und Programmpunkte des Grundrechtskatalogs der Reichsverfassung geweckt wurden, sind nur zum geringen Teil erfüllt worden. Ausbleibende gesetzliche Konkretisierungen, fehlende staatliche Durchsetzungsmacht in gesellschaftlichen Bereichen, aber auch der mangelnde Grundkonsens aller Bürger über die hinter den Grundrechten stehenden Werte haben bewirkt, daß sich das ausgewogene System von Freiheit und sozialer Bindung, das *Hermann Heller* zu Recht als »*sozialen Rechtsstaat*«[10] bezeichnete, in der Praxis nicht voll entfalten konnte.

2. Die Diskussion einzelner, meist umstrittener Grundrechtsprobleme

Anders als im Kaiserreich waren sich Theorie und Praxis der Weimarer Republik weitgehend darin einig, daß die Grundrechte *subjektive öffentliche Rechte* enthielten[11]. Die vorherrschende Rechtslehre beharrte auf der Meinung, daß subjektive öffentliche Rechte stets an die staatlich gesetzte objektive Rechtsordnung gebunden seien[12] und

---

10 *H. Heller*, Rechtsstaat oder Diktatur? (1930), jetzt in den Gesammelten Schriften des Verfassers, Bd. II, (1971), S. 443 ff. (449 f.).
11 Statt weiterer Nachweise: *R. Thoma*, Das System der subjektiven öffentlichen Rechte und Pflichten, in: HdB DStR Bd. II, (1932), S. 607 ff. (616); vgl. ferner den zusammenfassenden Überblick bei: *Hartmut Bauer*, Geschichtliche Grundlagen der Lehre vom subjektiven öffentlichen Recht, 1986, S. 84 ff.
12 *W. Jellinek*, Der Schutz des öffentlichen Rechts, in: VVDStRL H 2, (1925), S. 8 ff. (48).

schloß insoweit *vorstaatliche* individuelle Rechte aus. Ebenso verneinte sie subjektive Rechte der Bürger gegenüber dem staatlichen *Gesetzgeber,* der die objektive Rechtsordnung erst hervorbrächte.

»Die innerstaatlich dem Staate gegenübertretenden Rechtssubjekte sind ihm und seiner Gesetzgebung untertan. Sie stehen zu ihm im Verhältnis der *Subordination* und müssen mit der Möglichkeit rechnen, daß sich der Staat durch einen rechtsändernden oder Rechte vernichtenden Staatsakt ... seinen Verpflichtungen rechtlich entzieht«[13].

Die Frage der gerichtlichen Durchsetzbarkeit war in Weimar überwiegend nicht mehr notwendiger Inhalt der subjektiven öffentlichen Rechte[14]. Zwar unterschied die Lehre zwischen subjektiven Rechten im engeren und im weiteren Sinne, wobei unter letzteren die formalrechtlich »ungeschützten oder minder wirksam geschützten Rechte« verstanden wurden[15], aber diese Unterscheidung hatte nur noch sekundäre Bedeutung. Alle von der Reichsverfassung objektiv verbürgten Grundrechte enthielten subjektive öffentliche Rechte, auch wenn sie nicht mit Klagebefugnissen ausgestattet waren[16].

Zu einem zentralen Thema der wissenschaftlichen Auseinandersetzung in der Zeit der Weimarer Republik wurde die Frage der *Bindung des Gesetzgebers an die Verfassung.* Mit dem Zusammenbruch der konstitutionellen Monarchie war der Dualismus von monarchischer Exekutive und volksgewählter Legislative als *selbständigen* Trägern politischer Gewalten überwunden und in der Weimarer Republik durch den »Monismus der Gewalten«, verkörpert im demokratischen Gesetzgeber, ersetzt worden[17]. Dieser erhebliche Bedeutungszuwachs des Gesetzgebers warf notwendig die Frage nach dessen verfassungsrechtlicher Eingrenzung auf. Ihre Beantwortung blieb umstritten. Die Auseinandersetzungen im wissenschaftlichen

---

13 *R. Thoma* (Anm. 11), S. 608 (Hervorhebung im Originaltext).
14 Vgl. besonders: *O. Bühler,* Zur Theorie des subjektiven öffentlichen Rechts, in: Festschrift für Fritz Fleiner, 1927, S. 26 ff. (50); *C. Schmitt,* Inhalt und Bedeutung des zweiten Hauptteils der Reichsverfassung, in: HdB DStR Bd. II, (1932), S. 572 ff. (591); *R. Thoma* (Anm. 11), S. 620 f.
15 Statt weiterer Nachweise: *R. Thoma* (Anm. 11), S. 616 f.
16 So ausdrücklich: *R. Thoma* (Anm. 11), S. 616.
17 Vgl. dazu: *Klaus Schlaich,* Die Verfassungsgerichtsbarkeit im Gefüge der Staatsfunktionen, in: VVDStRL H 39 (1981), S. 99 ff. (103) im Anschluß an *Richard Thomas* Diskussionsbeitrag in: VVDStRL H 5 (1929), S. 105.

Schrifttum konzentrierten sich vor allem auf drei Teilfragen: Das Problem des richterlichen Prüfungsrechts (a), der Bindung des Gesetzgebers an den Gleichheitssatz (b) und – freilich nicht im gleichen Umfang – die Frage nach dem Wesenskern der Grundrechte (c).

a) Bei dem Streit um das *richterliche Prüfungsrecht* ging es weniger um einen Konflikt zwischen Gesetzgeber und Richter alsvielmehr zwischen Gesetzgeber und Verfassung, ob und in welchem Umfang der Richter »die Partei der Verfassung« zu ergreifen hätte[18]. Die Argumente der Befürworter und der Gegner eines richterlichen Prüfungsrechts gegenüber den Akten der Gesetzgebung lagen im wesentlichen auf zwei Ebenen[19]: Die erste, die *rechtslogische Argumentation* ging davon aus, daß die Reichsverfassung keine Vorschrift über die Nachprüfung der Verfassungsmäßigkeit der Reichsgesetze[20] enthielt. Daraus folgerte die eine Richtung in der Literatur, ein richterliches Prüfungsrecht wäre nur zulässig, wenn es ausdrücklich in der Reichsverfassung geregelt worden wäre[21]. Die andere Richtung behauptete das Gegenteil:

> »Da die Reichsverfassung selbst keine Vorschrift enthält, nach der die Entscheidung über die Verfassungsmäßigkeit der Reichsgesetze den Gerichten entzogen und einer bestimmten anderen Stelle übertragen wäre, muß das Recht und die Pflicht des Richters, die Verfassungsmäßigkeit von Reichsgesetzen zu prüfen, anerkannt werden«[22].

Auf gleicher Ebene lag die sich auf Art. 102 WRV stützende Argumentation: Die einen behaupteten, der Richter sei den ordnungsgemäß zustande gekommenen Gesetzen *unterworfen*; demzufolge könne es kein richterliches Prüfungsrecht geben, weil dieses ihn in

---

18 So treffend: *F. Morstein-Marx*, Variationen über die richterliche Zuständigkeit zur Prüfung der Rechtmäßigkeit des Gesetzes, 1927, S. 97; 157.
19 Eine Zusammenfassung des damaligen Diskussionsstandes bei: *H. Maurer*, Das richterliche Prüfungsrecht zur Zeit der Weimarer Verfassung, in: DöV 1963, S. 683 ff.
20 Wohl aber regelte Art. 13 WRV, daß reichsrechtswidrige *Landesgesetze* nichtig waren und bei Zweifeln oder Meinungsverschiedenheiten darüber das Reichsgericht oder der Reichsfinanzhof zu entscheiden hatte.
21 So insbesondere: *F. Schack*, Zur richterlichen Prüfung der Rechtmäßigkeit der Gesetze und Verordnungen ..., in: AöR Bd. 41 (1921), S. 163 ff. (166 f.); *L. Wittmayer*, Die Weimarer Reichsverfassung, 1922, S. 472.
22 RGZ Bd. 111, S. 320 (322 f.), im gleichen Sinne: *W. van Calker*, Grundzüge des deutschen Staatsrechts, 2. Aufl. 1928, S. 67.

unzulässiger Weise *über* die Gesetze stellen würde[23]. Die anderen beriefen sich darauf, daß der Richter nur das verfassungs*gemäße*, nicht das verfassungswidrige Gesetz anzuwenden habe. Im Wege der Prüfung müsse er zuvor feststellen, ob ein Gesetz anzuwenden sei oder nicht[24].

Nicht ohne Berechtigung wies *Richard Thoma* auf die Unergiebigkeit dieser rechtslogischen Argumentation hin und sah statt dessen – das ist die zweite Ebene – die Lösung des Problems in einer *rechtspolitisch ausgerichteten Wertung*[25]: Die entscheidende Frage sei, ob die deutschen Gerichte an den rechtspolitisch durchaus befriedigenden Grundsatz gebunden seien, daß Gesetze nicht überprüft werden dürften, oder ob sie genötigt seien, diesen Grundsatz aufzugeben, um »den vom Gesetzgeber bedrohten neuen Verfassungen zu Hilfe zu eilen«. *Thoma* verneinte die zuletzt genannte Alternative, weil es hinreichend starke und zuverlässige verfassungsrechtliche Garantien gegen Verfassungsverletzungen des Parlaments gäbe, wie das Prüfungsrecht des Reichspräsidenten und der Reichsregierung, das Vetorecht des Reichsrates, die Aussetzung der Verkündung eines Gesetzes auf Verlangen eines Drittels der Mitglieder des Reichstages.

Dieser Ansicht trat *Heinrich Triepel* energisch entgegen:

> Es käme darauf an, ob es geboten oder auch nur gestattet sei, den Grundsatz des Vorrangs der Verfassung vor dem Gesetz aus Rücksicht auf die Berechenbarkeit gerichtlicher Entscheidungen aufzugeben[26]. Das sei entschieden zu verneinen. Das richterliche Prüfungsrecht sei zwar nicht der einzige, wohl aber »der wichtigste Schutz der bürgerlichen Freiheit gegenüber einem machthungrigen Parlamente« ... Der Ausschluß des Püfungsrechts öffne eine der Türen, durch die sich der

---

23 So etwa: *W. Jellinek*, Grenzen der Verfassungsgesetzgebung, 1931, S. 19.
24 *Ottmar Bühler*, Sind die ordentlichen Gerichte verpflichtet, verfassungswidrige Gesetze anzuwenden? in: DJZ 1921, S. 580 ff.; *Hans Nawiasky*, Zur Frage des richterlichen Prüfungsrechts, in: DJZ 1923, S. 40 f.; *A. Frhr. v. Freytagh-Loringhoven*, die Weimarer Verfassung in Lehre und Wirklichkeit, 1924, S. 242.
25 *R. Thoma*, Das richterliche Prüfungsrecht, in: AöR Bd. 43 (1922), S. 267 ff. (274 ff.).
26 *H. Triepel*, Streitigkeiten zwischen Reich und Ländern, in: Festgabe für Wilhelm Kahl, 1923, Teil III, S. 92 Fußnote 2 (separat paginiert).

monarchische oder der parlamentarische Absolutismus Eingang in den Staat verschaffe ...[27].

Bis zum Ende der Weimarer Republik blieb der Streit der Befürworter und der Gegner des richterlichen Prüfungsrechts offen, wenn auch die Zahl der Befürworter immer mehr zunahm.

b) Nicht anders stand es um die zweite Teilfrage: die *Bindung des Gesetzgebers an den Gleichheitssatz*. Zu Beginn der zwanziger Jahre herrschte noch die im Kaiserreich überwiegende Meinung vor, daß der Gleichheitssatz lediglich eine *Rechtsanwendungs*gleichheit bedeute, das heißt: daß die Gesetze durch die Gerichte und die Verwaltung ohne Ansehen der Person und ohne Willkür anzuwenden seien[28].

Eine Bindung des Gesetzgebers an den Gleichheitssatz hielt *Richard Thoma* für einen »Rückfall hinter die Gestalt des modernen Staates. Einem solchen aber .... wollte die Nationalversammlung die staatsrechtliche Ordnung setzen. Und zwar als einer Demokratie, nicht als einer Gerontokratie des Richtertums ...«[29].

Doch zunehmend wurde bezweifelt, daß die Rechtsanwendungsgleichheit der alleinige Inhalt des Art. 109 der Reichsverfassung sein könnte. *Hans Nawiasky* erblickte in diesem Artikel zugleich eine Gewährleistung *persönlicher* Rechtsgleichheit, die auch den Gesetzgeber binde: Die Zugehörigkeit zu einem Stand, einem Geschlecht, einem religiösen Bekenntnis, einer Klasse oder einer sonstigen sozialen Schichtung dürfe von der Gesetzgebung grundsätzlich nicht zum Ausgangspunkt einer Differenzierung gemacht werden[30].

An der Frage der richtigen Interpretation des Gleichheitssatzes entzündete sich der Richtungsgegensatz zwischen den positivistischen Anhängern eines rein formalen Rechtsstaats und den Vertre-

---

27 *H. Triepel*, Der Weg der Gesetzgebung nach der neuen Reichsverfassung, in: AöR Bd. 39 (1920), S. 456 ff. (537); *derselbe*, Goldbilanzenverordnung und Vorzugsaktien, 1924, S. 28.
28 Vor allem: *G. Anschütz*, Die Verfassung des Deutschen Reichs. Kommentar, 2. Aufl. 1922, Anm. 3 zu Art. 109 (und abgeschwächt auch in den späteren Auflagen); *R. Thoma*, Grundrechte und Polizeigewalt, in: Festgabe für das preußische OVG, 1925, S. 183 ff. (217 ff.).
29 *R. Thoma*, Die Funktionen der Staatsgewalt. Grundbegriffe und Grundsätze, in: HdB DStR Bd. II, (1932), S. 108 ff. (152 f.).
30 *H. Nawiasky*, Die Gleichheit vor dem Gesetz im Sinne des Art. 109 der Reichsverfassung, in: VVDStRL H 3 (1927), S. 25 ff. (36, 40).

tern der »neuen Lehre« vom materialen Rechtsstaat, – ein Gegensatz, der sich besonders eindringlich in den Erörterungen der Münsteraner Staatsrechtslehrertagung von 1926[31] widerspiegelte. *Erich Kaufmann* faßte in seinem Tagungsbericht die Grundauffassungen der neuen Richtung der deutschen Staatsrechtslehre zusammen und entthronte den Gesetzgeber als Schöpfer des Rechts: »Der Staat schafft nicht Recht, der Staat schafft Gesetze; und Staat und Gesetz stehen unter dem Recht«[32]. Er verstand den Gleichheitssatz als Garantie einer *materialen* Rechtsgleichheit, der auch den Gesetzgeber binden müßte. Dieser sei – wie die übrigen Träger der Staatsgewalt – gehalten, Gleiches als gleich, Ungleiches als ungleich zu behandeln[33]. Die materiale Rechtsstaatslehre fand zwar zunehmend Unterstützung, konnte sich jedoch bis zum Ende der Weimarer Republik nicht zur herrschenden Lehrmeinung entwickeln.

c) Parallel zu dieser Kontroverse verlief der Streit um den *Schutz der Grundrechte vor ihrer Aushöhlung* durch den Gesetzgeber. Die positivistische Lehre sah in den allgemeinen Gesetzesvorbehalten zu einzelnen Grundrechtsartikeln die Befugnis des Gesetzgebers zu fast unbegrenzten Eingriffen in den grundrechtlichen Schutzbereich. Daher galten die diesem Vorbehalt unterworfenen Freiheitsrechte als »leerlaufend«, und ihre Bedeutung erschöpfte sich in einer bloßen Wiederholung des ohnehin geltenden Grundsatzes der Gesetzmäßigkeit der Verwaltung[34]. Diese Lehre stieß zunehmend auf Widerspruch. *Carl Schmitt* kritisierte, daß nach ihr durch verfassungsänderndes Gesetz »auch diejenigen Bestimmungen des zweiten Hauptteils (der Reichsverfassung), die nicht leerlaufend sind, sowohl einzeln wie überhaupt mit dem ganzen Grundrechtsteil in toto, ohne weiteres und unterschiedslos geändert, durchbrochen, aufgehoben,

---

31 *E. Kaufmann – H. Nawiasky*, Die Gleichheit vor dem Gesetz im Sinne des Art. 109 der Reichsverfassung, in: VVDStRL H 3 (1927), S. 2 ff., 25 ff., 43 ff.
32 *E. Kaufmann* (Anm. 31), S. 2 ff. (20) – wieder abgedruckt in den Gesammelten Schriften des Verfassers Bd. III, (1960), S. 246 ff. (263).
33 In diesem Sinne: *H. Triepel*, Goldbilanzenverordnung (Anm. 27), S. 26 ff.; *G. Leibholz*, Die Gleichheit vor dem Gesetz, 1925, S. 30 ff. et passim; *H. Aldag*, Die Gleichheit vor dem Gesetz in der Reichsverfassung, 1925, S. 51 ff.; *C. Schmitt*, Unabhängigkeit der Richter, Gleichheit vor dem Gesetz und Gewährleistung des Privateigentums nach der Weimarer Reichsverfassung, 1926, S. 20 ff.
34 Am prägnantesten: *R. Thoma* (Anm. 28), S. 194 ff.

vertilgt und vernichtet werden« konnten[35] – eine absurde Vorstellung. Er betonte demgegenüber die Absolutheit der Grundrechte und die prinzipielle Begrenztheit der Befugnis des Staates zu Eingriffen in die Freiheitssphäre des Einzelnen[36] und sah in den Freiheitsverbürgungen der Reichsverfassung »gleichzeitig eine Garantie des überlieferten typischen Maßes staatlicher Eingriffe«[37].

Ansätze zu einem Schutz des *Wesensgehalts* der Grundrechte vor Eingriffen des Gesetzgebers entwickelte *Albert Hensel*:

> Aus dem »den Grundrechten innewohnenden Wertgedanken heraus« sei zu folgern, »daß der Gesetzgeber, wenn er von dem (Gesetzes-)Vorbehalt Gebrauch macht, den *Wert* der grundrechtlichen Entscheidung unangetastet lassen muß; die Ausnahme hat die Regel zu bestätigen, hat sich dem in ihr beschlossenen Werte gegenüber selbst als werthaft, ja als höherwertig zu rechtfertigen. Die werthafte Einheit, welche die Verfassung darstellt, zum mindesten darstellen soll, darf auch durch Ausübung des Vorbehaltsrechts nicht gesprengt werden«[38].

3. Die Bedeutung der Grundrechte im Lichte der »geisteswissenschaftlichen Richtung« der Weimarer Staatsrechtslehre

Die bei der Erörterung einzelner Grundrechtsfragen zutage getretene Zerstrittenheit der verschiedenen Richtungen der Weimarer Staatsrechtslehre zeigte sich besonders in der zentralen Frage nach der Bedeutung der Grundrechte in der neuen Reichsverfassung.

Die zu Beginn der Weimarer Republik noch vorherrschende *Staatsrechtslehre des juristischen Positivismus* mußte sich in ihrer Gleichgültigkeit gegen alle Inhalte und in ihrer Wertneutralität als hilflos erweisen, die Kernfragen der neugeschaffenen demokratischen Verfassungsordnung, insbesondere die nach der gewandelten

---

35 C. *Schmitt* (Anm. 14), S. 587.
36 C. *Schmitt*, Verfassungslehre (1928), 8. unveränderter Nachdruck 1993, S. 126, 158.
37 C. *Schmitt* (Anm. 14), S. 592.
38 A. *Hensel*, Die Rangordnung der Rechtsquellen, insbesondere das Verhältnis von Reichs- und Landesgesetzgebung, in: HdB DStR Bd. II, (1932), S. 313 ff. (316 Fußnote 2 mit weiteren Hinweisen).

Funktion der Grundrechte, zu beantworten. Mit »leeren, weil geschichts- und damit wirklichkeitsfremden Begriffsformen, die in falscher Analogie zur mathematisch-logischen Methode gebildet, eine höchst trügerische Sekurität und Objektivität vortäuschen«[39], ließen sich die im Weimarer Grundrechtsteil niedergelegten materialen Sinngehalte und Wertvorstellungen nicht erfassen. Und gerade diese rückten nach dem Zusammenbruch der konstitutionellen Monarchie bei der Errichtung der demokratischen Republik in den Vordergrund.

»In der gegebenen existentiellen Krise des Daseins und des Bewußtseins war die Wendung zum wirklichkeits- und wertbezogenen Staats- und Verfassungsdenken unumgänglich«[40]. Ihr entsprach vor allem jene Richtung der Weimarer Staatsrechtslehre, die mit Hilfe der *geisteswissenschaftlichen Methode*, »die ideengeschichtlichen Zusammenhänge unserer Rechtskultur bewußt als Erkenntnisquelle für die Erfassung des positiven Rechts und die Herausarbeitung seiner tragenden Rechtsgedanken fruchtbar zu machen« suchte[41]. Das Recht – und speziell das Verfassungsrecht – wurde seinem Wesen nach als Verwirklichung von bestimmten Werten verstanden: *Erich Kaufmann* sprach von der dem Recht aufgegebenen »Realisierung objektiver Werte«[42]; *Rudolf Smend* sah im Verfassungsrecht die »Positivierung einer geistigen Wertgesetzlichkeit«[43] und *Carl Schmitt* erblickte die »Werthaftigkeit« des Verfassungssystems in der »Wertfülle« des Grundrechtsteils der Reichsverfassung[44].

Die »geisteswissenschaftliche Richtung« der Weimarer Staatsrechtslehre[45] hat zweifellos die bedeutsamsten Beiträge zur damali-

---

39 *Hermann Heller*, Bemerkungen zur staats- und rechtstheoretischen Problematik der Gegenwart, in: AöR NF Bd. 16 (1929), S. 321 ff. (323).
40 *E. R. Huber*, Verfassungswirklichkeit und Verfassungswert im Staatsdenken der Weimarer Zeit, in: Festschrift für Gustav Schmelzeisen, 1980, S. 126 ff. (128).
41 *G. Holstein*, Von Aufgaben und Zielen heutiger Staatsrechtswissenschaft, in: AöR NF Bd. 11 (1926), S. 1 ff. (31).
42 *E. Kaufmann* (Anm. 31), S. 2 ff. – wieder abgedruckt in den Gesammelten Schriften des Verfassers Bd. III, (1960), S. 246 ff.
43 *R. Smend* (Anm. 3), S. 119 ff. (136 ff.).
44 *C. Schmitt*, Legalität und Legitimität (1932), 5. Aufl. 1993, S. 47 ff.
45 Vgl. dazu jetzt die vorzügliche Monographie von *K. Rennert*, Die »geisteswissenschaftliche Richtung« in der Staatsrechtslehre der Weimarer Republik,

gen Grundrechtsdiskussion beigesteuert, welche die grundrechtstheoretischen und -dogmatischen Erörterungen der Gegenwart maßgebend beeinflußt haben[46]. Sie war indessen keine einheitliche Schule. Die einzelnen Autoren waren sich zwar einig in der Ablehnung des rein formalen, inhaltsleeren juristischen Positivismus, wichen aber in ihren positiven Aussagen nicht unbeträchtlich voneinander ab.

Carl Schmitt suchte das schablonenhafte Grundrechtsverständnis des juristischen Positivismus durch die Hinwendung zu dem je Spezifischen der einzelnen Rechte des Grundrechtskatalogs der Reichsverfassung zu überwinden. *Freiheitsrechte* waren für ihn nur die »liberal-individualistischen Garantien der individuellen Freiheitssphäre, der freien Konkurrenz und der freien Diskussion«[47], die dem »rechtsstaatlichen Verteilungsprinzip« entsprächen, nach dem die Freiheitssphäre des Einzelnen prinzipiell unbegrenzt, während die Befugnis des Staates zu Eingriffen in diese Sphäre prinzipiell begrenzt sei. Die grundrechtliche Freiheit werde nicht durch den Staat konstituiert, sondern liege ihm – rechtlich gesehen – voraus[48]. Es sei Sache des Staates, die Freiheitssphäre zu gewährleisten und Konfliktsfälle zum Schutze der Rechte Dritter zu regulieren, nicht aber sei es ihm erlaubt, den *Inhalt* freiheitlicher Betätigung zu bestimmen oder einzelne individuelle Handlungsweisen vor anderen zu favorisieren oder gar zu privilegieren.

Von diesen Freiheitsrechten unterschied *Carl Schmitt* die »*demokratisch-politischen Rechte* des einzelnen Staatsbürgers« und die Rechte des Einzelnen auf Leistungen des Staates (»*sozialistische*« oder »*soziale Rechte und Ansprüche*«)[49]. Die beiden zuletzt genannten Garantien seien logisch und rechtlich von denen der Freiheitsrechte ganz verschieden: die demokratischen Staatsbürgerrechte setzten nicht den einzelnen freien Menschen im außerstaatlichen Zu-

---

1987. Die Untersuchung beschränkt sich allerdings auf die Autoren Erich Kaufmann, Günther Holstein und Rudolf Smend.
46 Im Überblick: *K. Kröger*, Grundrechtstheorie als Verfassungsproblem, 1978.
47 *C. Schmitt*, (Anm. 36), S. 163 ff.; *derselbe* (Anm. 14), S. 590 ff.
48 Zutreffend beschrieben von: *Ernst-Wolfgang Böckenförde*, Grundrechtstheorie und Grundrechtsinterpretation, in: NJW 1974, S. 1529 ff. – wieder abgedruckt in dem Sammelband des Verfassers: Staat, Gesellschaft, Freiheit, 1976, S. 221 ff.
49 Siehe die Nachweise oben in Anm. 47.

stand voraus, sondern den im Staate lebenden Staatsbürger; sie seien politische Statusrechte. Auch die »sozialistischen Rechte« des Einzelnen auf positive Leistungen des Staates hätten eine andere Struktur als die Freiheitsrechte; sie setzten eine staatliche Organisation voraus, welcher der berechtigte Einzelne eingefügt sei. Zudem seien derartige Rechte ihrem Wesen nach stets begrenzt und hätten nichts mit dem rechtsstaatlichen Verteilungsprinzip zu tun[50].

Von ganz anderer logischer und rechtlicher Struktur waren für *Carl Schmitt* die *»institutionellen Garantien«* und die *»Institutsgarantien«*, bei denen die »Gewährleistung subjektiver Rechte der Gewährleistung der Institution (bzw. des Instituts) untergeordnet ist und ihr zu dienen hat«[51].

Carl Schmitts sachliche Einteilung der Grundrechte der Weimarer Reichsverfassung enthielt Kriterien, die in der Gegenwart bei der Ausfächerung der Grundrechtstheorien wiederkehren[52]. Sein besonderes Verdienst lag darin, die Vielschichtigkeit der Grundrechtsgarantien klar erkannt und auf den Begriff gebracht zu haben. Durch die Differenzierung der unterschiedlichen Regelungen des zweiten Hauptteils der Reichsverfassung nach Inhalt und rechtlicher Wirkung gelang es ihm, den unantastbaren grundrechtlichen Kerngehalt der Verfassung herauszustellen, der jeder Verfassungsänderung entzogen bleiben sollte[53].

Die besondere Bedeutung *Erich Kaufmanns* für die moderne Grundrechtsinterpretation liegt in seinem *institutionellen Ansatz*: Kaufmanns Wertsystem gründete sich auf die Auffassung, daß die Gesellschaft bereits an sich institutionell in je wertorientierte Gemeinschaftsformen gegliedert sei[54]. Er begriff die Grundrechte als Wechselverhältnis von dem Subjektiv-Individualrechtlichen und dem Objektiv-Institutionellen[55]. Die Grundrechte waren für ihn

---

50 C. *Schmitt*, Verfassungslehre (Anm. 36), S. 168 f.; *derselbe* (Anm. 14), S. 593 ff.
51 Siehe den Nachweis oben in Anm. 8.
52 Vgl. oben Anm. 46.
53 Problematisch war indessen C. *Schmitts* Entgegensetzung des ersten und des zweiten Hauptteils der Reichsverfassung; vgl. dazu insbesondere seine Schrift: Legalität und Legitimität (1932), 5. Aufl. 1993.
54 Vgl. besonders: *K. Rennert* (Anm. 45), S. 316.
55 Eine gedrängte Zusammenfassung des Rechtsdenkens Kaufmanns findet sich bei: *Peter Häberle*, Die Wesensgehaltsgarantie des Art. 19 II Grundgesetz, 2. Aufl. 1972, S. 76 ff.

Ausdruck des institutionellen Verhältnisses von Staat und Gesellschaft in den verschiedensten konkreten Lebensbereichen. Sie waren aus der Eigengesetzlichkeit und dem »inneren Zweck der Ordnung der betreffenden Lebensverhältnisse«[56] zu verstehen, an die der Gesetzgeber wie der Richter in gleicher Weise gebunden seien[57]. Aber diese objektiv-institutionelle Seite der Grundrechte erschöpfte deren Gehalt nicht:

> »Jeder Generation ist die Aufgabe gestellt, ihren Geist in die Institute hineinzulegen, nicht ... in dem Sinne, daß sie es ist, welche die Institute erst schafft, sondern in dem, daß sie berufen ist, nicht nur diese Institute überhaupt zu realisieren, sondern sie mit ihren eigenen *Legitimitätsvorstellungen* zu erfüllen, in die ewigen Formen ihren eigenen Geist zu gießen, ihnen so eigentlich erst wirkliches Leben zu geben und so ein *eigenes Kultursystem von individueller Werthaftigkeit* zu schaffen«[58].

Von diesem Rechtsdenken *Kaufmanns* war *Rudolf Smends* wertetheoretisches Grundrechtsverständnis stark beeinflußt. Es unterschied sich indessen von jenem durch den engen Zusammenhang mit *Smends Integrationslehre*[59]:

> ...«Die Verfassung ist die Rechtsordnung des Staats, genauer des Lebens, in dem der Staat seine Lebenswirklichkeit hat, nämlich seines Integrationsprozesses. Der Sinn dieses Prozesses ist die immer neue Herstellung der Lebenstotalität des Staates, und die Verfassung ist die gesetzliche Normierung einzelner Seiten dieses Prozesses. ...«[60].

In der Ausrichtung am sittlich normativen Ziel, die dem Volk gemäße staatliche Einheit ständig zu erneuern und fortzubilden, in der betonten Orientierung am *Politischen* als dem Bereich, »in dem der Staat sich und sein Wesen bestimmt und durchsetzt«[61], lag das Spezifische von *Smends* Grundrechtsverständnis.

---

56 *E. Kaufmann* (Anm. 31), S. 10 = Gesammelte Schriften des Verfassers Bd. III, S. 253.
57 *E. Kaufmann* (Anm. 31), S. 15 ff. (20) = Gesammelte Schriften des Verfassers, Bd. III, S. 258 ff. (262 f.).
58 *E. Kaufmann* (Anm. 31), S. 16 = Gesammelte Schriften Bd. III, S. 259. Hervorhebungen im Originaltext. Auf gleicher Ebene: *G. Holstein* (Anm. 41), S. 29.
59 *R. Smend* (Anm. 3), S. 136 ff.
60 *Derselbe* (Anm. 3), S. 189.
61 *R. Smend*, Die politische Gewalt im Verfassungsstaat und das Problem der

Für ihn waren die Grundrechte »keine Novellen zu technischen Spezialgesetzen«, sondern als Materie des Verfassungsrechts durch ihren *staatsrechtlichen* Charakter bestimmt, welcher »eine neue Auslegung ihres stofflichen Inhalts und eine neue Charakterisierung ihres formalen Geltungssinnes« erfordert[62]:

> Der Grundrechtskatalog »will eine sachliche Reihe von einer gewissen Geschlossenheit, d.h. ein Wert- oder Güter-, ein Kultursystem normieren, und er normiert es als nationales, als das System gerade der Deutschen, das allgemeinere Werte national positiviert, eben dadurch aber den Angehörigen dieser Staatsnation etwas gibt, einen materialen Status, durch den sie sachlich ein Volk, untereinander und im Gegensatz gegen andere, sein sollen. Dieser Doppelsinn des Kultursystems und der Volksintegration ist die positive Orientierung der Grundrechte ...«[63].

Dieser Bedeutungszuwachs der Grundrechte ging einher mit deren grundlegendem »Funktionswandel«: Grundrechte wurden von *Smend* nicht mehr vorrangig in ihrer negativen Eigenschaft als Abwehrrechte, als »Schranken, sondern (viel mehr als) Verstärkungen des Staats und der Staatsgewalt«[64] und damit in ihrer *einheitsstiftenden Funktion* gesehen. Mit Nachdruck wandte er sich gegen die »individualistisch-bourgeoise Theorie der Grundrechte«, welche diese als bloße Abwehrrechte des »klugen und eigennützigen Individualisten« deutete, und setzte ihr seine Auffassung der Grundrechte als »*persönliches Berufsrecht des deutschen Staatsbürgers*« entgegen[65]:

> »... Jetzt erscheint das allgemeine Staatsbürgertum als ein einziger Stand, dessen Rechtsstellung grundrechtlich ausgestaltet wird nach Recht, Pflicht und Ehre; dieses ganze Recht des staatsbürgerlichen Standes ist aber keine vorbehaltene private Sphäre, sondern grundrechtliche

---

Staatsform (1923), jetzt in den Staatsrechtlichen Abhandlungen des Verfassers, 2. Aufl. 1968, S. 68 ff. (79).
62 *R. Smend* (Anm. 3), S. 263.
63 Ebenda, S. 264.
64 *R. Smend*, Das Recht der freien Meinungsäußerung (1928), jetzt in den Staatsrechtlichen Abhandlungen des Verfassers, 2. Aufl. 1968, S. 89 ff. (93).
65 *R. Smend*, Bürger und Bourgeois im deutschen Staatsrecht (1933), jetzt in den Staatsrechtlichen Abhandlungen des Verfassers, 2. Aufl. 1968, S. 309 ff. (318).

Stellung im Staat, es ist, wie Metternich es ausgedrückt hat, die ›politische Existenz des Individuums‹, ›die Rechte der Teutschheit‹[66].

Ausgehend von der Werthaftigkeit der Verfassung, sah *Albert Hensel* die »würdigste Aufgabe« der Staatsrechtslehre darin, die politischen Ideen, den »Mutterboden« aller Institutionen und Grundrechte, in ihrer Bedeutung für die Interpretation des Verfassungsrechts zu erkennen[67]. »Gerade für die Grundrechte dürfte das Zurückgehen auf die in ihnen erkennbar gewordene *politische Weltanschauung* notwendig, aber auch möglich sein«[68]. *Hensels* zentrale Forderung lautete:

> »Ein Grundrechtssystem soll die Grundentscheidungen einer bestimmten politischen Weltanschauung zu einer widerspruchslosen Einheit zusammenfassen. Diese Einheit soll sich als Werteinheit in der gesamten auf das Grundrechtssystem aufgebauten Rechtsordnung manifestieren«[69].

Er war vor allem darum bemüht, die sozialen Regelungen und die sozialistischen Forderungen des Weimarer Grundrechtsteils mit den klassisch liberalen Gewährleistungen in Einklang zu bringen. Sein Beitrag ist indessen Programm geblieben.

Entschiedener als *Kaufmann*, *Smend* und *Hensel* unternahm *Ernst Rudolf Huber* den Versuch einer Neuinterpretation der Grundrechte auf »ideengeschichtlicher« Grundlage. In seinem Aufsatz »Der Bedeutungswandel der Grundrechte« ging *Huber* davon aus, daß die »Beziehung zwischen rechtlicher Norm und geistiger Wirklichkeit bei den Grundrechten unmittelbarer (sei), als ... bei den verfassungsorganisatorischen Bestimmungen ...«[70]:

> »... die dauernde geistige Umformung der Nation (führt) zu einer selbstverständlichen Änderung der rechtlichen Funktion der Grundrechte, da für ihre Auslegung nicht der historische Sinn, den sie bei ihrer Entstehung besaßen, sondern der aktuelle Sinn, den sie in der gegenwärtigen geistigen Situation haben, entscheidend ist«[71].

---

66 R. *Smend*, ebenda, S. 316.
67 *Albert Hensel*, Grundrechte und politische Weltanschauung, 1931, S. 6 f.
68 A. *Hensel*, ebenda, S. 7.
69 A. *Hensel*, ebenda S. 9.
70 *Ernst Rudolf Huber*, Der Bedeutungswandel der Grundrechte, in: AöR NF Bd. 23 (1933), S. 1 ff. (2).
71 E. R. *Huber*, ebenda, S. 2.

Der *verfassungspolitische Sinn* der Weimarer Grundrechte könne »nicht mehr als Ausdruck einer wirklich liberalen Staatsgesinnung angesehen werden«. Die »im liberalen Geiste geprägten klassischen Grundrechte (seien) unter dem Einfluß eines neuen staatlichen Werdens in ihrem Sinn verwandelt worden«. ... »Die Grundrechte der Reichsverfassung sind zum großen Teile nicht wesentlich subjektive Rechte, sondern in erster Linie *objektive Prinzipien*«[72].

»In der Regel kommt diesen objektivierten Normen zwar eine subjektive Ausstrahlung zu, aus der sich dann individuelle Rechte und Ansprüche ergeben, aber wesentlich ist diesen Grundrechten nicht die subjektivistisch-individualistische Fernwirkung, sondern der objektive Kern, das Ordnungsprinzip, das sich in ihnen ausdrückt ...«[73].

In dem in Krieg und Revolution entstandenen »nationalen Volksstaat« der Weimarer Republik könnten die Grundrechte nicht mehr »im Sinne einer vom Staate wegführenden Selbstherrlichkeit, sondern nur im Sinne einer zum Staat hinführenden Freiheit verstanden werden«[74]. ... Die Grundrechte hätten sich zu »*Grundformen der öffentlichen Ordnung*«[75] entwickelt, in ihnen seien »die Grundformen der der politischen Daseinsweise des Staates zugehörigen Volksordnung öffentlich anerkannt und festgelegt worden«[76].

Das Verdienst der »geisteswissenschaftlichen Richtung« der Weimarer Staatsrechtslehre lag vor allem darin, die Bedeutung der Grundrechte in ihrer Funktion für die neugeschaffene demokratische Verfassungsordnung erkannt und in den Vordergrund gerückt zu haben. Daraus erklärte sich die Deutung der Grundrechte als objektive Verfassungsnormen, welche die herzustellende Einheit des Staates mitentscheidend konstituieren sollten, die Hervorhebung der institutionellen Seite der rechtlichen Freiheit, die nicht mehr im alleinigen persönlichen Belieben des Einzelnen stand, sondern von vornherein in die Gesamtordnung eingebunden war, sowie das Verständnis der Freiheitsrechte als vorwiegend politische Rechte, die in den Zeiten allumfassender Instabilität gesellschaftli-

---

72 *E. R. Huber*, ebenda, S. 79.
73 *E. R. Huber*, ebenda, S. 79.
74 *E. R. Huber*, ebenda, S. 84.
75 E. R. Huber, ebenda, S. 85.
76 *E. R. Huber*, ebenda, S. 92.

cher und staatlicher Ordnung integrierend und stabilisierend wirken sollten.

Auffallend vernachlässigt wurden von der »geisteswissenschaftlichen Richtung« der Weimarer Staatsrechtslehre die *liberalen Gehalte* der Grundrechte; für *Ernst Rudolf Huber* galten sie sogar als obsolet[77]. Dabei wurde verkannt, daß in einem demokratischen Gemeinwesen der Eigenwert selbstbestimmter Freiheit nicht nur in den individuell beherrschten Räumen, sondern auch im sozialen Verkehr mit anderen unverzichtbar bleibt[78]. Zu gering wurde von dieser Richtung auch der flankierende Schutz der Freiheit durch subjektive Abwehrrechte geachtet, der von *Huber* sogar als weithin überholt angesehen wurde.

Bei *Kaufmann* und *Smend* blieb – im Unterschied zu *Hensel* und *Huber* – die nach dem verlorenen Kriege mit der Verarmung breiter Bevölkerungsschichten drängender gewordene *soziale Dimension* der Grundrechte nahezu unberücksichtigt. Die im Weimarer Grundrechtskatalog vollzogene Inhalts- und Bedeutungsverlagerung zur Gewährleistung von Wohlfahrt, Arbeit und sozialer Sicherheit und zur stärkeren Sozialbindung grundrechtlicher Freiheiten hätte eine breitere Ausfächerung der Grundrechtstheorie erfordert.

Kaufmanns und *Smends* um die normale staatliche Wirklichkeit bemühte Grundrechtsvorstellung trug zudem den divergierenden Kräften und den oft gegensätzlichen Bestrebungen der in ihren Grundfesten erschütterten Nachkriegsgesellschaft im Prozeß der staatlichen Einheitsbildung zu wenig Rechnung und sah die *Einordnung des Einzelnen* in das vielfach bedrohte staatliche Ganze zu unproblematisch an, was *Rudolf Smend* in späteren Jahren selbst eingeräumt hat[79].

Hubers Objektivierung der Grundrechte und ihre Stilisierung zu »Grundformen der öffentlichen Ordnung« bedeutete nicht nur die Einbindung individueller Freiheit in objektiv-rechtlich gestaltene Lebensverhältnisse des »nationalen Volksstaates«, sondern auch

---

77 *E. R. Huber*, ebenda, S. 80.
78 Vgl. dazu: *K. Kröger* (Anm. 46), S. 36 f.
79 *R. Smend*, Art. «Integrationslehre«, in: HdSW Bd. V, (1956), S. 299 ff. (301), jetzt auch in den Staatsrechtlichen Abhandlungen des Verfassers, 2. Aufl. 1968, S. 475 ff. (480).

den bedenklichen Umschlag der Grundrechte in reine *Pflichtverhältnisse*. Die hier heraufziehende Gefahr der Instrumentalisierung der Freiheitsrechte durch eine bestimmte Ideologie wetterleuchtete bereits am Horizont; sie wurde nach 1933 in Gestalt der »volksgenössischen Rechtsstellung« sehr bald bittere Realität.

Exkurs

Die »volksgenössische Rechtsstellung« im Dritten Reich

Literatur

Huber, Ernst Rudolf, Verfassungsrecht des Großdeutschen Reiches, 2. Aufl. 1939.
Koellreutter, Otto, Der deutsche Führerstaat, 1934.
ders., Deutsches Verfassungsrecht, 3. Aufl. 1938.
ders., Volk und Staat in der Weltanschauung des Nationalsozialismus, 1935.
Larenz, Karl, Über Gegenstand und Methode des völkischen Rechtsdenkens, 1938.
Michaelis, Karl, Wandlungen des deutschen Rechtsdenkens …, in: *Karl Larenz* (Hg.), Grundfragen der neuen Rechtswissenschaft, 1935, S. 9 ff.
Anderbrügge, Klaus, Völkisches Rechtsdenken, 1978.
Böckenförde, Ernst-Wolfgang (Hg.), Staatsrecht und Staatsrechtslehre im Dritten Reich, 1985.

Karl Larenz, Rechtsperson und subjektives Recht, in: *derselbe* (Hg.), Grundfragen der neuen Rechtswissenschaft, 1935, S. 225 ff.
ders., Gemeinschaft und Rechtsstellung, in: Deutsche Rechtswissenschaft 1936, S. 31 ff.
Huber, Ernst Rudolf, Die Rechtsstellung des Volksgenossen, in: Z ges StW. Bd. 96, (1936), S. 438 ff.
Höhn, Reinhard, Rechtsgemeinschaft und Volksgemeinschaft, 1935.
ders., Das subjektive öffentliche Recht und der neue Staat, in: Deutsche Rechtswissenschaft 1936, S. 49 ff.
Hofacker, Wilhelm, Die subjektiven öffentlichen Rechte, in: DJZ 1935, Sp. 723 ff.
Maunz, Theodor, Das Ende des subjektiven öffentlichen Rechts, in: Z ges StW Bd. 96, 1936, S. 71 ff.
Siebert, Wolfgang, Subjektives Recht, konkrete Berechtigung, Pflichtenordnung, in: Deutsche Rechtswissenschaft 1936, S. 23 ff.

Lange, Heinrich, Nationalsozialismus und Familienrecht, in: Deutsches Recht 1935, S. 82 ff.
Stuckart, Wilhelm – Globke, Hans, Reichsbürgergesetz, Blutschutzgesetz, Ehegesundheitsgesetz, 1936.

Scheuner, Ulrich. Eigentum und Eigentumsbindung, in: RVBl. 1936, S. 5 ff.
Weber, Werner – *Wieacker, Franz,* Eigentum und Enteignung, 1935.
Huber, Ernst Rudolf, Die Gestalt des deutschen Sozialismus, 1934.
derselbe, Betriebsgemeinschaft und Arbeitsverhältnis, in: JW 1937, S. 1111 ff.
Siebert, Wolfgang, Das Arbeitsverhältnis in der Ordnung der nationalen Arbeit, 1935.
Larenz, Karl, Die Wandlung des Vertragsbegriffs, in: Deutsches Recht 1935, S. 488 ff.

Huber, Ernst Rudolf, Die Verwirkung der volksgenössischen Rechtsstellung im Verwaltungsrecht, in: Zeitschrift der Akademie für Deutsches Recht 1937, S. 366 ff.

Mit der Aushöhlung und Aushebelung der Weimarer Reichsverfassung durch die »*nationale Revolution*« der nationalsozialistischen Machthaber binnen weniger Monate wurden auch die Grundrechte der formell nie aufgehobenen Verfassung wirkungslos.

Schon einige Tage nach der Ernennung *Hitlers* zum Reichskanzler wurden die Versammlungs- und die Pressefreiheit (Art. 123 und 118 WRV) durch Notverordnung des Reichspräsidenten vom 4. Februar 1933 (RGBl. I, S. 35) erheblich eingeschränkt. Nach dem spektakulären Reichstagsbrand am 27. Februar desselben Jahres erließ der Reichspräsident tags darauf die »Verordnung zum Schutze von Volk und Staat« (RGBl. I, S. 83), durch die sieben Grundrechtsartikel der Reichsverfassung bis auf weiteres außer Kraft gesetzt wurden: die Unverletzlichkeit der persönlichen Freiheit (Art. 114), die Unverletzlichkeit der Wohnung (Art. 115), das Brief-, Post-, Telegraphen- und Fernsprechgeheimnis (Art. 117), das Recht der freien Meinungsäußerung (Art. 118), das Versammlungsrecht (Art. 123), die Vereinigungsfreiheit (Art. 124) und die Eigentumsgarantie (Art. 153). Zugleich wurden Einschränkungen der in den Grundrechten enthaltenen Freiheiten »auch außerhalb der sonst hierfür bestimmten gesetzlichen Grenzen« für zulässig erklärt.

Einschneidender war indessen der *radikale Bruch* des Nationalsozialismus *mit den Staats- und Rechtsvorstellungen* des 19. und beginnenden 20. Jahrhunderts. Nach der verschwommenen und oft auch verworrenen nationalsozialistischen Ideologie galten die überkommenen Grundrechte als überwunden:

»Sie sind mit dem Prinzip des völkischen Reiches nicht vereinbar. Es gibt keine persönliche, vorstaatliche und außerstaatliche Freiheit des Einzelnen, die vom Staat zu respektieren wäre. An die Stelle des isolierten Individuums ist der in die Gemeinschaft gliedhaft eingeordnete Volksgenosse getreten, der von der Totalität des politischen Volkes erfaßt und in das Gesamtwirken einbezogen ist«[1].

Aus der nationalsozialistischen Sicht bedurfte es daher gar keiner Suspendierung der Grundrechte durch den Reichspräsidenten, wie durch dessen Verordnung vom 28. Februar 1933 geschehen. Vielmehr seien die Freiheitsrechte durch die »nationale Revolution« als Verfassungsbestandteile endgültig beseitigt worden[2].

Die »Gliedschaftsstellung in der Volksgemeinschaft«, auch als *»volksgenössische Rechtsstellung«* bezeichnet, erstreckte sich auf alle Lebensbereiche und hob die Trennung zwischen öffentlicher und privater Sphäre auf. Sie war stets gemeinschaftsbezogen und pflichtgebunden:

»Sie ist nicht um des *Einzelnen* willen begründet, sondern um der *Gemeinschaft* willen, die nur dann lebendig, kraftvoll und sinnhaft ist, wenn der Genosse in ihr den rechten Wirkungsraum besitzt. Ohne die konkrete Rechtsstellung des Genossen gibt es keine wirkliche Gemeinschaft.

... alle Berechtigungen (bestehen) nur als *pflichtgebundene* Berechtigungen; ihr Gebrauch ist stets abhängig davon, daß der Inhaber die Pflichten, die jede Berechtigung zugleich in sich schließt, erfüllt. Nicht der individualistische Personenbegriff, sondern die Teilhabe des Genossen an der völkischen Gemeinschaft kommt im Begriff der (volksgenössischen) Rechtsstellung zum Ausdruck. Wesentlich ist der gliedhaften Rechtsstellung stets, daß sie keine bloße Rechtsbeziehung unter Einzelnen ist, sondern daß sie von der Gemeinschaft her Sinn und Richtung, Wesen und Bindung erhält«[3].

Die Einordnung des Einzelnen in die völkische Gemeinschaft war total; sie umfaßte den gesamten leiblichen und geistigen Lebensbereich des Volksgenossen. Familie, Eigentum und Arbeitsverhältnis

---

1 *E. R. Huber*, Verfassungsrecht des Großdeutschen Reiches, 2. Aufl. 1939, S. 361. Ausführlich zur »Gliedschaftsstellung in der Volksgemeinschaft«: *K. Larenz*, Rechtsperson und subjektives Recht, in: *derselbe* (Hg.), Grundfragen der neuen Rechtswissenschaft, 1935, S. 225 ff.
2 Siehe die Nachweise in der vorhergehenden Anmerkung.
3 E. R. Huber (Anm. 1), S. 365, 366 – Hervorhebungen im Originaltext.

waren »*Kernstellungen der volksgenössischen Ordnung*«, die in eine »unmittelbare lebendige Beziehung zu den verbindlichen Lebensgesetzen von Volk und Reich zu bringen« waren[4].

Ehe und Familie wurden als »Zellen der völkischen Lebensordnung« angesehen. Sie standen unter dem »Gesetz zum Schutze des deutschen Blutes und der deutschen Ehre« vom 15. September 1935 (RGBl. I, S. 1146), nach dem Eheschließungen zwischen Juden und Staatsangehörigen deutschen oder »artverwandten« Blutes verboten waren. Das »Gesetz zum Schutze der Erbgesundheit des deutschen Volkes« vom 18. Oktober 1938 (RGBl. I, S. 1246) verbot die Eheschließung, wenn einer der Verlobten an einer gefährlichen ansteckenden Krankheit litt, entmündigt war, eine geistige Störung aufwies, welche die Ehe »für die Volksgemeinschaft unerwünscht« erscheinen ließ, oder wenn er »erbkrank« war. Das »Gesetz zur Verhütung erbkranken Nachwuchses« vom 14. Juli 1933 (RGBl. I, S. 529) bestimmte, daß Ehegatten, die an einer »Erbkrankheit« litten, unfruchtbar gemacht werden sollten, wenn zu erwarten war, daß ihre Nachkommen an schweren körperlichen oder geistigen Erbschäden leiden würden. Aus alledem wird deutlich, daß Ehe und Familie ihren Charakter als private Beziehungen zwischen Individuen weithin verloren hatten.

Eine weitere »Kernstellung der völkischen Lebensordnung« war das *Eigentum*, das seines privatrechtlichen Charakters großenteils entkleidet wurde.

> »Alles Eigentum ist ... Gemeingut. Der Eigentümer ist gegenüber Volk und Reich zur verantwortlichen Verwaltung seiner Güter verpflichtet. Seine Rechtsstellung ist nur dann wirklich gerechtfertigt, wenn er dieser Verantwortung gegenüber der Gemeinschaft genügt. Die Gemeinschaftsbindung ... wohnt der Substanz des Eigentums von vornherein inne; das Eigentum ist seinem Wesen und Inhalt nach eine gemeinschaftsgebundene Befugnis«[5].

In einer Vielzahl von Gesetzen und Verordnungen wurden die Pflichten und Beschränkungen des Eigentümers konkretisiert, die sich ebenso auf Anordnungen zur wirtschaftlichen Verwertung wie

---

4 E. R. Huber (Anm. 1), S. 368.
5 *E. R. Huber* (Anm. 1), S. 373.

auf Ablieferungspflichten bestimmter Güter erstreckten. Das Eigentum wurde so in seinem Sinn völlig pervertiert.

Eine dritte »Kernstellung der volksgenössischen Ordnung« bezog sich auf das *Arbeitsverhältnis*. Dieses war keine bloße Rechtsbeziehung zwischen Arbeiter und Unternehmer, sondern das »Lebensverhältnis, in dem der Arbeiter sich als Glied der im Betrieb verwirklichten völkischen Leistungsgemeinschaft« befand[6]. Die Rechtsstellung des Arbeiters war »gemeinschaftsgebunden«, d.h. sie ging aus der Ordnung hervor, in der Arbeiter und Unternehmer als Glieder der Volksgemeinschaft und als Träger des Betriebes vereinigt waren. Der Inhalt des Arbeitsverhältnisses war nur zum geringen Teil durch Abmachungen zwischen Unternehmer und einzelnem Arbeiter geregelt; er wurde weithin bestimmt durch die Betriebsordnung, die Tarifordnung und staatliche Arbeitsgesetze.

»Aber wie jede lebendige Ordnung ihre tiefsten Wesensgesetze als ungeschriebenes Recht in sich trägt, so beruht auch die Ordnung der Arbeit auf solchen ungeschriebenen Grundsätzen, die im geschriebenen Recht stets nur einen annähernden, niemals einen erschöpfenden Ausdruck finden können«.

Die dem Schutz des arbeitenden Menschen dienenden grundrechtlichen Regelungen der Weimarer Reichsverfassung waren damit völlig aus den Angeln gehoben.

Die »volksgenössische Rechtsstellung« war auf die »*Reichsbürger*«, d.h. die »Staatsangehörigen deutschen und artverwandten Blutes« beschränkt. Alle »nicht-arischen« Bürger waren *Staatsangehörige*, die nur »dem Schutzverband des Deutschen Reiches« angehörten und »ihm dafür besonders verpflichtet« waren[7]. Sie standen außerhalb der Volksgemeinschaft und damit »auch nicht im Recht«[8]. Diese verhängnisvolle Unterscheidung von »Reichsbürgern« und bloßen

---

6 Statt weiterer Nachweise: *E.R. Huber* (Anm. 1), S. 395 f. – auch zum Folgenden.
7 §§ 1,2 des Reichsbürgergesetzes vom 15.9.1935 (RGBl. I, S. 1146). Dieses Gesetz und das »Gesetz zum Schutze des deutschen Blutes und der deutschen Ehre« vom gleichen Tage sind unter der Bezeichnung »*Nürnberger Gesetze*« bekannt geworden.
8 Vgl. *K. Michaelis*, Wandlungen des deutschen Rechtsdenkens, in: *K. Larenz* (Hg.), Grundfragen der neuen Rechtswissenschaft, 1935, S. 9 ff. (21).

»Staatsangehörigen« fußte auf dem von der Rassenideologie durchtränkten »völkischen Rechtsdenken«:

> »Das politische Volk wird durch die *Einheitlichkeit der Art* gebildet. Die Rasse ist die naturhafte Grundlage des Volkes. Rasse ist eine durch bestimmte leib-seelische Merkmale ausgezeichnete Abstammungsgemeinschaft ... In Zeiten des erwachenden Artbewußtseins wird die Gefährdung des Volkskörpers überwunden; es findet eine Rückkehr zur naturhaften Abstammungsgemeinschaft statt«[9].

In der Konsequenz dieses fatalen »völkischen Rechtsdenkens« lagen die Benachteiligungen, Behinderungen und verbrecherischen Verfolgungen »nicht-arischer« Bevölkerungsgruppen, die den tiefen Bruch mit der in der Tradition europäischer Rechtskultur stehenden Entwicklung der Menschen- und Bürgerrechte zutage treten ließen.

---

9 *E. R. Huber* (Anm. 1), S. 153 – Hervorhebung im Originaltext.

V. Kapitel

Die Grundrechte in den westdeutschen Länderverfassungen nach 1945 und im Grundgesetz

Literatur

Aus dem unübersehbar gewordenen Schrifttum können hier nur einige besonders wichtige Titel berücksichtigt werden. Neben den *Kommentaren* zum Grundgesetz, den *Lehr- und Handbüchern* zum heutigen Staatsrecht ist auf die folgenden Darstellungen zu verweisen:

Diestelkamp, Bernd, Die Verfassungsentwicklung in den Westzonen bis zum Zusammentreten des Parlamentarischen Rates, in: NJW 1989, S. 1312 ff.
Kröger, Klaus, Die Entstehung des Grundgesetzes, ebenda S. 1318 ff.
Benz, Wolfgang, Von der Besatzungsherrschaft zur Bundesrepublik. Stationen einer Staatsgründung 1946–1949, 1984.
Morsey, Rudolf, Der Weg zur Bundesrepublik Deutschland, in: Deutsche Verwaltungsgeschichte Bd. V, (1987), S. 87 ff.

Nawiasky, Hans, Grundgedanken des Grundgesetzes für die Bundesrepublik Deutschland, 1950.
Brill, Hermann Louis, Die Grundrechte als Rechtsproblem, in: DöV 1948, S. 54 ff.
Ridder, Helmut, Meinungsfreiheit, im Handbuch: Die Grundrechte (hg. von Franz Neumann u.a.) Bd. II, (1954), S. 243 ff.
Dürig, Günter, Grundrechte und Zivilrechtsprechung, in: Festschrift für Hans Nawiasky, 1956, S. 157 ff.
Wintrich, Josef, Zur Problematik der Grundrechte, 1957.
Lerche, Peter, Übermaß und Verfassungsrecht, 1961.
Zippelius, Reinhold, Wertungsprobleme im System der Grundrechte, 1962.
Luhmann, Niklas, Grundrechte als Institution, 2. Aufl. 1974.
Häberle, Peter, Die Wesensgehaltsgarantie des Art. 19 II Grundgesetz, 3. Aufl. 1983.
Bettermann, Karl August, Grenzen der Grundrechte, 1968.
Bernhardt, Rudolf, Der Wandel der Grundrechte, 1970.
Schwabe, Jürgen, Die sogenannte Drittwirkung von Grundrechten, 1971.

Klein, Hans Hugo, Die Grundrechte im demokratischen Staat, 2. Aufl. 1974.
ders., Öffentliche und private Freiheit, in: Der Staat Bd. 10 (1971), S. 145 ff.
Martens, Wolfgang – Häberle, Peter. Grundrechte im Leistungsstaat, in: VVDStRL H. 30 (1972), S. 7 ff.; 43 ff.
Steiger, Heinhard, Institutionalisierung der Freiheit?, in: Helmut Schelsky (Hg.), Zur Theorie der Institution, 2. Aufl. 1973, S. 91 ff.
Goerlich, Helmut, Wertordnung und Grundgesetz, 1973.
Mutius, Albert von, Grundrechte als »Teilhaberechte«, in: VA. Bd. 64 (1973), S. 183 ff.
Friesenhahn, Ernst, Der Wandel des Grundrechtsverständnisses, in: Verh. des 50 DJT, Bd. II, (1974), S. G 29 ff.
Böckenförde, Ernst-Wolfgang, Grundrechtstheorie und Grundrechtsinterpretation, in: NJW 1974, S. 1529 ff.
ders., Die Methoden der Verfassungsinterpretation, in: NJW 1976, S. 2089 ff.
Badura, Peter, Das Prinzip der sozialen Grundrechte und seine Verwirklichung im Recht der Bundesrepublik, in: Der Staat Bd. 14 (1975), S. 17 ff.
Wilke, Helmut, Stand und Kritik der neueren Grundrechtstheorie, 1975.
Krebs, Walter, Vorbehalt des Gesetzes und Grundrechte, 1975.
Schlink, Bernhard, Abwägung im Verfassungsrecht, 1976.
Starck, Christian, Freiheit und Organisation, 1976.
Grabitz, Eberhard, Freiheit und Verfassungsrecht, 1976.
Rupp, Hans Heinrich, Vom Wandel der Grundrechte, in: AöR Bd. 101 (1976), S. 161 ff.
Ossenbühl, Fritz, Die Interpretation der Grundrechte in der Rechtsprechung des Bundesverfassungsgerichts, in: NJW 1976, S. 2100 ff.
Bethge, Herbert, Zur Problematik von Grundrechtskollisionen, 1977.
Schwabe, Jürgen, Probleme der Grundrechtsdogmatik, 1977.
Kröger, Klaus, Grundrechtstheorie als Verfassungsproblem, 1978.
Wendt, Rudolf, Der Garantiegehalt der Grundrechte und das Übermaßverbot, in: AöR Bd. 104 (1979), S. 414 ff.
Grimmer, Klaus, Demokratie und Grundrechte – Elemente einer Theorie des Grundgesetzes, 1980.
Isensee, Josef, Wer definiert die Freiheitsrechte?, 1980
ders., Grundrechte und Demokratie. Die polare Legitimation im grundgesetzlichen Gemeinwesen, 1981.
Wülfing, Thomas, Grundrechtliche Gesetzesvorbehalte und Grundrechtsschranken, 1981.
Müller, Jörg-Paul, Elemente einer schweizerischen Grundrechtstheorie, 1982.

Grimm, Dieter, Grundrechte und soziale Wirklichkeit, in: *Winfried Hassemer,* u.a. (Hg.), Grundrechte und soziale Wirklichkeit, 1982, S. 39 ff.
Bettermann, Karl August, Hypertrophie der Grundrechte, 1984.
Schlink, Bernhard, Freiheit durch Eingriffsabwehr – Rekonstruktion der klassischen Grundrechtsfunktion, in: EuGRZ 1984, S. 457 ff.
Alexy, Robert, Theorie der Grundrechte, 1985.
Jarass, Hans, Grundrechte als Wertentscheidung bzw. objektiv-rechtliche Prinzipien in der Rechtsprechung des Bundesverfassungsgerichts, in: AöR Bd. 110 (1985), S. 363 ff.
Suhr, Dieter, Entfaltung der Menschen durch die Menschen, 1986.
Steinbeiß-Winkelmann, Christine, Grundrechtliche Freiheit und staatliche Freiheitsordnung, 1986.
Höfling, Wolfram, Offene Grundrechtsinterpretation – Grundrechtsauslegung zwischen amtlichem Interpretationsmonopol und privater Konkretisierungskompetenz, 1987.
Robbers, Gerhard, Sicherheit als Menschenrecht, 1987.
Hermes, Georg, Das Grundrecht auf Schutz von Leben und Gesundheit, 1987.
Hesse, Konrad, Verfassungsrecht und Privatrecht, 1988.
Lübbe-Wolff, Gertrude, Die Grundrechte als Eingriffsabwehrrechte, 1988.
Luchterhand, Otto, Grundpflichten als Verfassungsproblem in Deutschland, 1988.
Alexy, Robert, Grundrechte als subjektive Rechte und als objektive Normen, in: Der Staat Bd. 29 (1990), S. 49 ff.
Dietlein, Johannes, Die Lehre von den grundrechtlichen Schutzpflichten, 1992.
Eckhoff, Rolf, Der Grundrechtseingriff, 1992.
Hillgruber, Christian, Der Schutz des Menschen vor sich selbst, 1992.
Lorz, Ralph Alexander, Modernes Grund- und Menschenrechtsverständnis und die Philosophie der Freiheit Kants, 1993.
Starck, Christian, Praxis der Verfassungsauslegung, 1994, S. 19 ff., 46 ff.
Oeter, Stefan, »Drittwirkung« der Grundrechte und die Autonomie des Privatrechts, in: AöR Bd. 119 (1994), S. 529 ff.
Jarass, Hans, Bausteine einer umfassenden Grundrechtsdogmatik, in: AöR Bd. 120 (1995), S. 345 ff.
Unruh, Peter, Zur Dogmatik der grundrechtlichen Schutzpflichten, 1996.
Enders, Christoph, Die Privatisierung des Öffentlichen durch die grundrechtliche Schutzpflicht und seine Rekonstruktion aus der Lehre von den Staatszwecken, in: Der Staat Bd. 35 (1996), S. 351 ff.
Jansen, Nils, Die Abwägung von Grundrechten, in: Der Staat Bd. 36 (1997), S. 27 ff.

Weber, Werner, Spannungen und Kräfte im westdeutschen Verfassungs–
system, 3. Aufl. 1970, S. 9 ff.; 345 ff.
Scheuner, Ulrich, Das Grundgesetz in der Entwicklung zweier Jahrzehnte,
in: AöR Bd. 95 (1970), S. 380 ff.
Ipsen, Hans Peter, Über das Grundgesetz nach 25 Jahren, in: DöV 1974,
S. 289 ff.
Starck, Christian, Entwicklung der Grundrechte in Deutschland, in: *Ulrich
Immenga* (Hg.), Rechtswissenschaft und Rechtsentwicklung, 1980,
S. 89 ff.
Hesse, Konrad, Grundlinien der verfassungsrechtlichen Ordnung und ihrer
Fortbildung, in: 40 Jahre Grundgesetz. Der Einfluß des Verfassungs-
rechts auf die Entwicklung der Rechtsordnung, 1990, S. 1 ff.
Böckenförde, Ernst-Wolfgang, Zur Lage der Grundrechtsdogmatik nach
40 Jahren Grundgesetz, o.J. (1990).
ders., Grundrechte als Grundsatznormen, in: Der Staat Bd. 29 (1990),
S. 1 ff.
Dreier, Horst, Dimensionen der Grundrechte, 1993.
Schmidt, Walter, Grundrechte – Theorie und Dogmatik seit 1946 in
Westdeutschland, in: *Dieter Simon* (Hg.), Rechtswissenschaft in der
Bonner Republik, 1994, S. 188 ff.

1. Das Wiedererstehen deutscher Staatlichkeit und die Wiederbegründung der Grundrechte im westlichen Teil Deutschlands

Nach dem politischen und militärischen Zusammenbruch des Dritten Reiches und der Auflösung jeglicher organisierter deutscher
Staatlichkeit waren alle staatlichen Befugnisse auf die vier Besatzungsmächte Deutschlands übergegangen, und ihre Übernahme war
durch die Berliner Viermächte-Erklärung vom 5. Juni 1945[1] rechtlich sanktioniert worden. Das oberste Regierungsorgan, der *Alliierte
Kontrollrat,* vermochte angesichts der zunehmenden Uneinigkeit
der vier Besatzungsmächte über die künftige Entwicklung in
Deutschland nur wenig zu bewirken. Umso bedeutsamer war der
Einfluß der *Militärregierungen* in den vier Besatzungszonen, die sich
sehr unterschiedlich entwickelten. Am radikalsten vollzog sich die

---

[1] Auszugsweise abgedruckt bei: *Ernst Rudolf Huber* (Hg.), Quellen zum
Staatsrecht der Neuzeit, Bd. II, 1951, S. 158 ff.

Die westdeutschen Länderverfassungen nach 1945 und das Grundgesetz 79

politische, wirtschaftliche und soziale Umgestaltung in der sowjetischen Besatzungszone nach dem Vorbild sozialistischer Ordnung sowjetischer Prägung, worauf im nächsten Kapitel einzugehen ist.

In den drei westlichen Besatzungszonen bestand – bei durchaus unterschiedlichen Vorstellungen im einzelnen – Einigkeit über die künftige Entwicklung, die zum *Wiederaufbau deutscher Staatlichkeit* nach den Regeln des liberal-demokratischen Verfassungsstaates auf bundesstaatlicher Grundlage führen sollte. Nach der Errichtung deutscher Verwaltungen auf Gemeinde- und Kreisebene wurden neue Länder gebildet und Länderverfassungen erlassen, in der britischen Zone allerdings nur vorläufige Verfassungen[2]. Mit dem Inkrafttreten des Bonner Grundgesetzes am 23. Mai 1949 war die vierjährige Phase des Übergangs und der Grundlegung künftiger politischer Ordnung in Westdeutschland abgeschlossen.

Die neugeschaffenen Verfassungen knüpften an die liberal-demokratische *Verfassung der Weimarer Republik* an, suchten jedoch – leidvoller Erfahrungen eingedenk – ihre Schwächen durch geeignete Vorkehrungen zu vermeiden. Das galt besonders für die *Grundrechte*. Die großen Streitfragen der Weimarer Grundrechtsdiskussion wurden durch eindeutige Verfassungsbestimmungen grundsätzlich entschieden: Die Grundrechte binden Gesetzgebung, vollziehende Gewalt und Rechtsprechung als unmittelbar geltendes Recht (Art. 1 III GG)[3], sie sind in ihrem Kern unabänderlich (Art. 26 hess. Verf., ähnlich Art. 20 I Brem. Verf.), in keinem Falle darf ihr Wesensgehalt angetastet werden (Art. 19 II GG). Beschränkungen der Freiheitsrechte sind nur kraft der Gesetzesvorbehalte zulässig, die entweder für alle Grundrechte gemeinsam gelten (Art. 63 hess. Verf., Art. 98 S. 1 bay. Verf.) oder – wie im Grundgesetz – speziell für einzelne Grundrechte geregelt sind, wobei zwischen einfachen und qualifizierten Gesetzesvorbehalten unterschieden wird. Das richterliche Prüfungsrecht ist allgemein anerkannt; den Verfassungsgerichten obliegt die Entscheidung, ob ein Gesetz oder eine Rechtsverordnung mit der Verfassung im Widerspruch steht (konkrete Normenkon-

---

[2] Vgl. dazu kurzerhand: *Klaus Kröger*, Einführung in die Verfassungsgeschichte der Bundesrepublik Deutschland, 1993, S. 15.
[3] Ähnlich Art. 26 der hessischen Verfassung vom 1. XII. 1946 (hess. Verf.) und Art. 20II der Bremer Verfassung vom 21.X.1947 (Brem.Verf.).

trolle oder Richtervorlage)[4]. Das Grundgesetz weist darüber hinaus dem Bundesverfassungsgericht auch die Zuständigkeit für abstrakte Normenkontrollverfahren zu (Art. 93 I Nr. 2 GG). Auch der Bürger, der sich in seinen Grundrechten verletzt fühlt, kann das Bundesverfassungsgericht anrufen (Art. 93 I Nr. 4a GG)[5].

Im übrigen spielten die Grundrechte bei den Beratungen der *Verfassungen der Länder* keine nennenswerte Rolle. Auffallend ist lediglich, daß in manchen Verfassungen – wie etwa der hessischen, der bayerischen und der rheinland-pfälzischen – der Grundrechtsteil über die herkömmlichen Gewährleistungen hinaus »auf eine allgemeine Rechtsordnung der Gemeinschaftsbildungen im gesellschaftlichen Leben« ausgedehnt wurde[6]. Hier mögen neu belebte naturrechtliche Vorstellungen ausschlaggebend gewesen sein, deren Prägekraft allerdings blaß geblieben ist.

> Die Regelung des Art 1 III der rheinland-pfälzischen Verfassung: »Die Rechte und Pflichten der öffentlichen Gewalt werden durch die naturrechtlich bestimmten Erfordernisse des Gemeinwohls begründet und begrenzt« ist eine Blankettformel geblieben, aus der weder die Rechtsprechung noch die Wissenschaft praktisch verwertbare Aussagen hergeleitet hat. Ihre Bedeutung liegt allein in der klaren Absage der Verfassung an jedwede Allmacht der öffentlichen Gewalt und in deren Bindung an überpositives Recht, was immer darunter zu verstehen ist.

Der Parlamentarische Rat beschränkte demgegenüber den *Grundrechtskatalog des Grundgesetzes* auf rechtlich klar gefaßte Regelungen, die für alle öffentliche Gewalt unmittelbar bindend und gerichtlich durchsetzbar sind.

> »Die Grundrechte sollen nicht bloß Deklamationen, Deklarationen oder Direktiven sein, nicht nur Anforderungen an die Länderverfassungen, nicht nur eine Garantie der Ländergrundrechte, sondern unmittel-

---

4 Art. 100 GG; Art. 132, 133 hess. Verf.; Art. 142 Brem. Verf.; Art. 130 III der rheinland-pfälzischen Verfassung vom 18. V. 1947 (rh-pf.Verf.); Art. 65, 92 der bayerischen Verfassung vom 2. XII. 1946 (bay. Verf.)
5 Die *Verfassungsbeschwerde* der Bürger wegen Grundrechtsverletzungen wurde erst durch die Verfassungsnovelle vom 29. I. 1969 (BGBl. I, S. 97) in das Grundgesetz aufgenommen. Verfassungsbeschwerden sind auch in der bayerischen Verfassung von 1946 (Art. 66, 120) und – eingeschränkt – in der rheinland-pfälzischen Verfassung (Art. 130 II in Verbindung mit Art. 135 I Ziff. 3) vorgesehen.
6 *H. L. Brill*, Die Grundrechte als Rechtsproblem, in: DöV 1948, S. 54.

bar geltendes Bundesrecht, aufgrund dessen jeder einzelne Deutsche, jeder einzelne Bewohner unseres Landes vor den Gerichten soll Klage erheben können«[7].

Der Grundrechtskatalog des Grundgesetzes übernimmt die klassischen Freiheits- und Gleichheitsrechte und fügt ihnen nur wenige Neuerungen als Reaktion auf den Rechtsmißbrauch des nationalsozialistischen Regimes hinzu: Das Kriegsdienstverweigerungsrecht des Art. 4 III, obwohl das Grundgesetz in seiner ursprünglichen Fassung noch keine Wehrverfassung enthielt, die Unentziehbarkeit der deutschen Staatsangehörigkeit (Art. 16 I S. 1) und das Asylrecht (Art. 16 II).

Umstritten waren lediglich die *kulturpolitischen Artikel* des zu schaffenden Grundgesetzes. Die Abgeordneten der CDU, der CSU, des Zentrums und der Deutschen Partei traten für die Regelung des Schutzes von Ehe und Familie, für die Gewährleistung des Elternrechts, der Privatschule, des Religionsunterrichts an öffentlichen Schulen sowie für die Garantie der Unabhängigkeit und Selbständigkeit der Kirchen und Religionsgesellschaften ein. SPD, KPD und FDP lehnten diese Forderungen mit allerdings unterschiedlichen Begründungen ab. Nachdem die Neuregelung des Verhältnisses von Staat und Kirche im Parlamentarischen Rat keine Mehrheit fand, einigten sich die Fraktionen auf den Kompromiß, die Kirchenartikel der Weimarer Reichsverfassung (Art. 136 – 139; 141) in das Grundgesetz zu inkorporieren (Art. 140 GG). Der Schutz von Ehe und Familie und die Garantie des Elternrechts wurden in Art. 6 des Grundgesetzes in einer Formulierung angenommen, die den Wünschen der SPD und der FDP entgegenkam. Den religiös-weltanschaulichen Charakter der Schule konnten die christlichen Parteien nicht durchsetzen, wohl aber die Gewährleistung des Religionsunterrichts in öffentlichen Schulen (Art. 7 III, einschränkend Art. 141 GG), das Recht der Erziehungsberechtigten, über die Teilnahme ihrer Kinder am Religionsunterricht zu bestimmen (Art. 7 II GG) sowie das eingeschränkte Recht zur Errichtung von Privatschulen (Art. 7 IV, V

---

[7] Das Zitat stammt von dem Abgeordneten *Carlo Schmid* (SPD). Zur Grundrechtsdiskussion im Parlamentarischen Rat vgl. vor allem: *K. B. v. Doemming – R. W. Füßlein – W. Matz*, Entstehungsgeschichte der Artikel des Grundgesetzes, in: JöR NF Bd. 1 (1951), S. 1 ff. (41 ff.).

GG). Sie mußten allerdings zugestehen, daß das gesamte Schulwesen unter die Aufsicht des Staates gestellt wurde (Art. 7 I GG).

Auf *soziale Grundrechte* und grundrechtliche Normierungen über die Wirtschafts- und Gesellschaftsordnung verzichtete der Parlamentarische Rat und umging so die schier unüberwindlichen weltanschaulichen Differenzen sowie eine vorzeitige Festlegung angesichts einer noch ungewissen künftigen wirtschaftlichen und sozialen Entwicklung der Bundesrepublik. Einigkeit bestand indessen darüber, den Rechtsstaat des Grundgesetzes als »*sozialen Rechtsstaat*«[8] zu kennzeichnen – im Unterschied zu dem herkömmlichen liberalen.

Bedeutsame Änderungen erfuhr der Grundrechtskatalog des Grundgesetzes durch drei Verfassungsnovellen: Durch die *Wehrverfassungsnovelle* vom 19. März 1956 (BGBl. I, S. 111) ist die Einschränkbarkeit von Grundrechten der Wehr- und Ersatzdienstleistenden enumerativ begrenzt worden (Art. 17a GG). Durch die *Notstandsverfassungsnovelle* vom 24. Juni 1968 (BGBl. I, S. 709) sind die Beschränkungsmöglichkeiten des Brief-, Post- und Fernmeldegeheimnisses (Art. 10 II GG) sowie der Freizügigkeit (Art. 11 II GG) präzisiert und die Dienstverpflichtungen der Männer, insbesondere zum Ersatzdienst bei Wehrdienstverweigerung und zu zivilen Dienstleistungen im Verteidigungsfall, verfassungsrechtlich verankert worden (Art. 12 a GG). Gewährleistet wird die Koalitionsfreiheit des Art. 9 III GG auch in Zeiten äußerer Bedrohung (Art. 12 a, 35 II, 87 a IV, 91 GG) und bei Naturkatastrophen oder Unglücksfällen (Art. 35 III GG). Die *Asylrechtsnovelle* vom 28. Juni 1993 (BGBl. I, S. 1002) hat das Asylrecht in Art. 16 a neugefaßt, insbesondere ins Detail gehende Beschränkungen dieses Grundrechts in das Grundgesetz aufgenommen[9]. Zugleich ist das Asylrecht in den Kreis der verwirkbaren Grundrechte (Art. 18 GG) eingereiht worden.

Nach der Schaffung des Grundgesetzes haben die *Ländergrundrechte* durch den Vorrang des Bundesrechts an Bedeutung verloren. Nach Art. 142 GG bleiben allerdings nicht nur diejenigen Länder-

---

8 Der Begriff geht auf *Hermann Heller*, Rechtsstaat oder Diktatur?, 1930, S. 9 f., 26 zurück.
9 Kritisch zu den Neuregelungen: *M. Wollenschläger-A. Schraml*, Art. 16 a GG – das neue »Grundrecht« auf Asyl?, in: JZ 1994, S. 1 ff.; *E. Franßen*, Der neue Art. 16 a GG als »Grundrechtshinderungsvorschrift«, in: DVBl. 1993, S. 300 ff.

grundrechte in Kraft, die nicht gegenstandsgleich mit den Bundesgrundrechten sind, sondern auch diejenigen, die in Übereinstimmung mit den Art. 1–18 des Grundgesetzes Grundrechte gewährleisten. Nur insoweit sie ein geringeres Maß an Freiheitsgarantie enthalten, sind sie unanwendbar geworden.

Für die Entwicklung der Grundrechtsdogmatik in der Bundesrepublik haben die landesverfassungsrechtlichen Grundrechte nur eine untergeordnete Rolle gespielt, was nicht zuletzt auf die herausragende Bedeutung der Grundrechtsrechtsprechung des Bundesverfassungsgerichts zurückzuführen ist.

2. Die Entwicklung der Grundrechtsdogmatik nach dem Grundgesetz und die Frage nach der Grundrechtstheorie

Während in der Weimarer Republik die grundrechtsdogmatischen Fragen überwiegend von der Staatsrechtswissenschaft richtungweisend beantwortet wurden, ist diese unter dem Grundgesetz »in den Bann des Bundesverfassungsgerichts« geraten, das seit über 45 Jahren die Grundrechtsdiskussion maßgebend beherrscht. Der »Begriff eines die Staatsrechtswissenschaft bestimmenden *Bundesverfassungsgerichtspositivismus*«[10] ist zum geflügelten Wort für diese Entwicklung geworden.

Die eher bescheidene Grundrechtsdiskussion im wissenschaftlichen Schrifttum der ersten Nachkriegsjahre erschöpfte sich weithin im Erläutern der Neuerungen in den Grundrechtskatalogen der Länderverfassungen und des Grundgesetzes. Zugrunde lag ihr die Vorstellung von den Grundrechten als Abwehrrechten des Einzelnen gegen die staatliche Gewalt, insbesondere auch gegen den Gesetzgeber. Besondere Aufmerksamkeit galt den Gesetzesvorbehalten bei den einzelnen Grundrechten des Grundgesetzes und den speziellen Grenzen der Einschränkungsmöglichkeiten der Grundrechte in Art. 19 GG.

---

10 *Bernhard Schlink*, Die Entthronung der Staatsrechtswissenschaft durch die Verfassungsgerichtsbarkeit, in: Der Staat Bd. 28 (1989), S. 161 ff. (162, 163).

Den zögerlichen, behutsamen Interpretationen der Grundrechtsregelungen in der Literatur der ersten Jahre der Bundesrepublik setzte das 1951 eingerichtete *Bundesverfassungsgericht* eine »pragmatisch zupackende Verfassungsrechtsprechung«[11] entgegen, die bis in die Gegenwart richtungweisend geblieben ist. Sie hat sowohl in verfahrens- als auch in materiell-rechtlichen Fragen maßgebende Akzente gesetzt, denen das Schrifttum dann weithin gefolgt ist.

a) So hat das Bundesverfassungsgericht bereits in frühen Entscheidungen die *verfahrensrechtlichen Sicherungen des Art. 19 Absatz I GG* aus praktischen Erwägungen sehr restriktiv ausgelegt: Soweit das Gericht nicht einer näheren Befassung mit dem *Verbot von Einzelfallgesetzen* (Satz 1) ausgewichen ist[12], hat es das Vorliegen eines Individualgesetzes verneint,

> »... wenn sich wegen der abstrakten Fassung des gesetzlichen Tatbestandes nicht genau übersehen läßt, auf wieviele und welche Fälle das Gesetz Anwendung findet[13], wenn also nicht nur ein einmaliger Eintritt der vorgesehenen Rechtsfolge möglich ist[14]. Liegt ein genereller Rechtssatz vor, so ist ohne Belang, ob ein Einzelfall den Anlaß zu der gesetzlichen Regelung gegeben hat«[15] ... Art. 19 I S. 1 GG schließt dagegen die gesetzliche Regelung eines Einzelfalles dann nicht aus, wenn der Sachverhalt so beschaffen ist, daß es nur einen zu regelnden Fall dieser Art gibt und die Regelung dieses singulären Sachverhalts von sachlichen Gründen getragen wird«[16].

Durch diese Rechtsprechung ist das Verbot von Einzelfallgesetzen nahezu bedeutungslos geworden. Auch das *Zitiergebot des Art. 19 Absatz I Satz 2 GG* hat das Bundesverfassungsgericht schon in frühen Entscheidungen so relativiert, daß es an Bedeutung sehr verloren hat:

---

11 W. *Schmidt*, Grundrechte – Theorie und Dogmatik seit 1946 in Westdeutschland, in: *D. Simon* (Hg.), Rechtswissenschaft in der Bonner Republik, 1994, S. 188 ff. (197); vgl. ebenda auch zum Folgenden.
12 *BVerfGE* 4, 7 ff; 7, 129 ff.; 10, 89 ff.
13 *BVerfGE* 10, 234 (242).
14 *BVerfGE* 13, 225 (229).
15 *BVerfGE* 13, 225 (229); 24, 33 (52); 25, 371 (396 f.).
16 *BVerfGE* 25, 371 (398 f.).

Für nicht anwendbar hält das Gericht das Zitiergebot, wenn erlassene Gesetze »lediglich bereits geltende Grundrechtsbeschränkungen unverändert oder mit geringen Abweichungen wiederholen«[17]. Darüber hinaus grenzt es das Zitiergebot auf diejenigen Grundrechte ein, die »aufgrund eines speziellen im Grundgesetz enthaltenen Vorbehalts eingeschränkt werden können«[18]. ... Lediglich solche Gesetze kämen in Betracht, »die darauf abzielen, ein Grundrecht über die in ihm selbst angelegten Grenzen ... hinaus einzuschränken«[19].

Ferner hat das Bundesverfassungsgericht das umständliche, gelegentlich auch kaum praktikable, abgestufte *System der Grundrechtsbeschränkungen* von vorbehaltslos garantierten Grundrechten zu einfachen und qualifizierten Gesetzesvorbehalten bei einzelnen Grundrechtsverbürgungen relativiert und praktischen Bedürfnissen angepaßt. Maßgebend für diese Entwicklung ist das *Apotheken-Urteil*[20] geworden:

> Das Verfassungsgericht hat Art. 12 I GG als einheitliches Grundrecht in dem Sinne angesehen, daß sich der Regelungsvorbehalt des Satzes 2 dem Grunde nach sowohl auf die Berufsausübung als auch auf die Berufswahl erstreckt. »Sie (die Regelungsbefugnis) ist aber um der Berufs*ausübung* willen gegeben und darf nur unter diesem Blickpunkt allenfalls auch in die Freiheit der Berufs*wahl* eingreifen. Inhaltlich ist sie umso freier, je mehr sie reine Ausübungsregelung ist, umso enger begrenzt, je mehr sie auch die Berufswahl berührt«[21]. Auf dieser Grundlage hat das Gericht ein Modell abgestufter Eingriffsmöglichkeiten des Gesetzgebers entwickelt, bei dem das *Prinzip der Verhältnismäßigkeit* zu berücksichtigen ist: Der Gesetzgeber muß Regelungen nach Art. 12 I S. 2 GG jeweils auf der Stufe vornehmen, die den geringsten Eingriff zur Folge hat. Er darf die nächste Stufe erst in Betracht ziehen, wenn zu befürchten ist, daß bestehenden Gefahren mit den Mitteln der vorausgehenden Stufe nicht begegnet werden kann. Spätere Ausdifferenzierungen der Begrenzung der Berufsfreiheit hat das Gericht verstärkt auf den Verhältnismäßigkeitsgrundsatz gestützt[22].

---

17 *BVerfGE* 5, 13 (16); 15, 288 (293), 16, 194 (199 f.) und seither in ständiger Rechtsprechung.
18 *BVerfGE* 24, 367 (396; 398).
19 *BVerfGE* 28, 36 (46); 28, 55 (62).
20 *BVerfGE* 7, 377.
21 *BVerfGE* 7, 377 (403). Hervorhebungen im Originaltext.
22 *BVerfGE* 26, 1 (12); 30, 292 (313 ff.) und in späteren Entscheidungen.

Noch weiter ist das Bundesverfassungsgericht in einer anderen Entscheidung gegangen, in der es auch uneinschränkbare Grundrechte in einzelnen Beziehungen für begrenzbar hält:

> »Nur kollidierende Grundrechte Dritter und andere mit Verfassungsrang ausgestattete Rechtswerte sind mit Rücksicht auf die Einheit der Verfassung und die von ihr geschützte Wertordnung ausnahmsweise imstande, auch uneinschränkbare Grundrechte in einzelnen Beziehungen zu begrenzen«[23].

In Fällen, in denen sich ein qualifizierter Gesetzesvorbehalt als zu eng erweist, hat das Gericht keine Bedenken, ihn zu übergehen; so steht z.B. Art. 13 III GG dem Betriebsbetretungsrecht der Handwerkskammer nach der Handwerksordnung nicht entgegen[24].

Auf der anderen Seite hat das Bundesverfassungsgericht die *Überprüfbarkeit von Gesetzen* weit ausgelegt: Ansatzpunkt ist für das Gericht die Interpretation der in Art. 2 I GG enthaltenen Schranke der »*verfassungsmäßigen Ordnung*«, unter der es die allgemeine Rechtsordnung, d.h. alle formell und materiell verfassungsmäßigen Rechtssätze, versteht[25]:

> Demnach steht jedermann die Möglichkeit offen, »im Wege der Verfassungsbeschwerde geltend (zu) machen, ein seine Handlungsfreiheit beschränkendes Gesetz gehöre nicht zur verfassungsmäßigen Ordnung, weil es gegen einzelne Verfassungsbestimmungen oder allgemeine Verfassungsgrundsätze verstoße ...«[26]

Verstärkt wird diese Sicht durch die vom Verfassungsgericht im Lüth-Urteil entwickelte *Wechselwirkungstheorie*, nach der »die aus allgemeinen Gesetzen sich ergebenden Grenzen der Grundrechte des Art. 5 I GG ... ihrerseits im Lichte dieser Grundrechte gesehen werden (müssen)«[27]. Die danach notwendig werdenden Abwägungsvorgänge werden stark von den Bedingtheiten des Einzelfalles bestimmt und eröffnen dem Gericht umfassende Nachprüfungsmöglichkeiten.

---

23 *BVerfGE* 28, 243 (260 f.).
24 *BVerfGE* 32, 54 (75 ff.).
25 *BVerfGE* 6, 32 (37 f.) und seither in ständiger Rechtsprechung.
26 *BVerfGE* 6, 32 (41).
27 *BVerfGE* 7, 198 (208 f.) und seither in ständiger Rechtsprechung.

b) Auch in *materiell-rechtlichen* Fragen hat das Bundesverfassungsgericht die Grundrechtsdiskussion in der Bundesrepublik nachhaltig bestimmt. Schon in frühen Entscheidungen hat es in den Freiheitsrechten nicht nur Abwehrrechte des Einzelnen gegen die staatliche Gewalt gesehen, sondern sie auch – beeinflußt von der Grundrechtsauffassung *Rudolf Smends* – als »*objektive Wertordnung*«, als »Wertsystem« begriffen:

> So führt das Gericht in dem Urteil zur Ehegattenbesteuerung vom 17. Januar 1957[28] aus, daß »Art. 6 I GG nicht nur ein ›klassisches Grundrecht‹ (ist), ... sondern darüber hinaus zugleich eine Grundsatznorm, das heißt eine verbindliche Wertentscheidung für den gesamten Bereich des Ehe und Familie betreffenden privaten und öffentlichen Rechts«.

Klassisch geworden ist die *Begründung der Wertordnungsrechtsprechung* des Gerichts in dem berühmten Lüth-Urteil aus dem Jahre 1958, auf das es in späteren Entscheidungen immer wieder verweist[29]:

> »Ohne Zweifel sind die Grundrechte in erster Linie dazu bestimmt, die Freiheitssphäre des Einzelnen vor Eingriffen der öffentlichen Gewalt zu sichern; sie sind Abwehrrechte des Bürgers gegen den Staat.... Ebenso richtig ist, daß das Grundgesetz, das keine wertneutrale Ordnung sein will ..., in seinem Grundrechtsabschnitt auch eine objektive Wertordnung aufgerichtet hat und daß gerade hierin eine prinzipielle Verstärkung der Geltungskraft der Grundrechte zum Ausdruck kommt ... Dieses Wertsystem, das seinen Mittelpunkt in der innerhalb der sozialen Gemeinschaft sich frei entfaltenden menschlichen Persönlichkeit und ihrer Würde findet, muß als verfassungsrechtliche Grundentscheidung für alle Bereiche des Rechts gelten; Gesetzgebung, Verwaltung und Rechtsprechung empfangen von ihm Richtlinien und Impulse. So beeinflußt es selbstverständlich auch das bürgerliche Recht; keine bürgerlich-rechtliche Vorschrift darf in Widerspruch zu ihm stehen, jede muß in seinem Geiste ausgelegt werden«.

---

28 *BVerfGE* 6, 55 (72 f.) – ebenso die späteren Entscheidungen *BVerfGE* 22, 93 (98); 55, 114 (126); 56, 363 (382) und so fort.
29 *BVerfGE* 7, 198 (204 f.). Vgl. auch die späteren Nachweise in *BVerfGE* 21, 362 (371 f.) und 35, 79 (114).

88 V. Kapitel

Diese Rechtsprechung, die im Schrifttum überwiegend Zustimmung gefunden, aber auch scharfe Kritik auf sich gezogen hat[30], hat das Gericht konsequent beibehalten, wenn es auch in späteren Entscheidungen häufig statt von der »Wertordnung« von »der objektiv-rechtlichen Seite«[31] oder von »objektiv-rechtlichen Elementen« der Grundrechte[32] gesprochen hat. Die mißverständliche Etikettierung der Grundrechte als Wertsystem, der »eher eine emblematische, gerade in der Anfangsphase auch heuristische Funktion zukam«[33], ist ebenso einer nüchternen sachnäheren Bezeichnung gewichen, wie die im Lüth-Urteil entwickelte Güterabwägungslehre[34] später durch eine auf dem *Verhältnismäßigkeitsgrundsatz* beruhende Grenzziehung zwischen zwei verfassungsrechtlich begründeten Rechtsgütern abgelöst wurde, damit beide optimale Wirksamkeit entfalten können[35].

Besonders eindringlich zeigt sich dieser Befund bereits im Apotheken-Urteil und in einer Entscheidung zur Kunstfreiheit aus dem Jahre 1987: ... »Vielmehr muß in allen Fällen, in denen andere Verfassungsgüter mit der Ausübung der Kunstfreiheit in Widerstreit geraten, ein verhältnismäßiger Ausgleich der gegenläufigen, gleichermaßen verfassungsrechtlich geschützten Interessen mit dem Ziele ihrer Optimierung gefunden werden«[36].

Daß die gebotene Grenzziehung zwischen zwei verfassungsrechtlich begründeten Rechtsgütern gelegentlich zu einseitig ausgefallen ist, belegt besonders die Rechtsprechung des Bundesverfassungsgerichts zum *Verhältnis von Meinungsfreiheit und Ehrenschutz*. Die Unter-

---

30 Besonders eindringlich: *H. Goerlich*, Wertordnung und Grundgesetz, 1973; *B. Schlink*, Abwägung im Verfassungsrecht, 1976.
31 *BVerfGE* 20, 162 (175).
32 *BVerfGE* 39, 1 (42); 53, 30 (57); 56, 54 (75); 57, 295 (319 f.) und in späteren Entscheidungen.
33 Treffend: *H. Dreier*, Dimensionen der Grundrechte, 1993, S. 24.
34 *BVerfGE* 7, 198 (208 f.).
35 Grundlegend zur Übernahme des Verhältnismäßigkeitsprinzips in das Verfassungsrecht: *P. Lerche*, Übermaß und Verfassungsrecht, 1961; vgl. auch: *Konrad Hesse*, Grundzüge des Verfassungsrechts der Bundesrepublik, 19. Aufl. 1993, S. 27 RandN 72.
36 *BVerfGE* 77, 240 (253); vgl. auch: *BVerfGE* 63, 131 (144); 51, 324 (346); 44, 353 (373).

bewertung des Ehrenschutzes ist zu einem regelrechten Ärgernis geworden[37]. Nicht zu bestreiten ist freilich, daß durch den objektiv-rechtlichen Charakter die Grundrechte eine neue Qualität erfahren, da sie über das unmittelbare Bürger – Staat – Verhältnis hinausgreifend in alle Rechtsbereiche maßgebend hineinwirken. Mit dieser prinzipiellen Verstärkung der Geltungskraft der Grundrechte sind drei grundlegende *Folgeprobleme* verbunden, zu denen das Verfassungsgericht nach und nach Stellung bezogen hat:

Bereits im Lüth-Urteil spricht das Gericht von der *Ausstrahlungswirkung der Grundrechte* auf das bürgerliche Recht und beansprucht zu prüfen, »ob das ordentliche Gericht die Reichweite und Wirkkraft der Grundrechte im Gebiet des bürgerlichen Rechts zutreffend beurteilt hat«[38].

> »Der Rechtsgehalt der Grundrechte als objektiver Normen entfaltet sich im Privatrecht durch das Medium der dieses Rechtsgebiet unmittelbar beherrschenden Vorschriften«[39]. Er soll zu einer verfassungskonformen Auslegung des Privatrechts führen.

Die Ausstrahlungswirkung hat nicht nur die Rechtsprechung zu berücksichtigen; sie betrifft selbstverständlich alle drei Staatsfunktionen. Und sie erstreckt sich auf alle Bereiche des Rechts, also auch auf das Strafrecht[40] und das öffentliche Recht. Von besonderer Bedeutung sind hier Entscheidungen des Verfassungsgerichts zum Versammlungsrecht[41] und die Kalkar-Entscheidung[42].

Die Problematik der Ausstrahlungswirkung der Grundrechte ergibt sich daraus, daß sie schwer eingrenzbar ist. Das einfache Recht wird in einer kaum allgemein festlegbaren Weise durch die Grund-

---

37 Die Diskussion hat sich vor allem an den Entscheidungen *BVerfGE* 85, 1 (19); 86, 1 (11 ff.); 93, 266 (289 ff.) entfacht. Aus der Vielzahl kritischer Stimmen vgl. besonders: *Martin Kriele*, Ehrenschutz und Meinungsfreiheit, in: NJW 1994, S. 1897 ff. und *Josef Isensee*, Grundrecht auf Ehre, in: Festschrift f. Martin Kriele, 1997, S. 5 ff.
38 *BVerfGE* 7, 198 (207) vgl. auch die weiteren Entscheidungen: *BVerfGE* 24, 278 (282); 30, 173 (188); 32, 311 (318); 34, 269 (280) und seither in ständiger Rechtsprechung.
39 *BVerfGE* 7, 198 (205).
40 Vgl. beispielsweise: *BVerfGE* 28, 386 ff.; 39, 1 ff.; 45, 187 ff.
41 *BVerfGE* 69, 315 (350 ff.); 73, 206 (249).
42 *BVerfGE* 49, 89 (142).

rechte als objektive Grundsatznormen überlagert. »Daraus entsteht eine – oft schwer auflösbare – Gemengelage zwischen sog. einfachem Recht und Verfassungsrecht«[43]. Darunter leiden insbesondere die *Fachgerichte*, weil das Bundesverfassungsgericht von außen auf die fachgerichtliche Entscheidungsebene einwirkt und selbst entscheidet unter der Vorgabe, daß einfachrechtliche Positionen Quasi-Verfassungsrang hätten[44].

Das zweite Folgeproblem, die »*Drittwirkung« der Grundrechte*, steht in sehr engem Zusammenhang mit deren Ausstrahlungswirkung. Es geht dabei um die Frage der Wirkung der Grundrechte speziell in der Privatrechtsordnung, genauer: in welchem Umfang und in welcher Weise Privatpersonen gegenüber anderen Individuen an die Grundrechte gebunden sind. Das Bundesverfassungsgericht hat bereits im Lüth-Urteil eine Richtungsentscheidung dahingehend getroffen, daß der Rechtsgehalt der Grundrechte sich durch das Medium der das Privatrecht unmittelbar beherrschenden Vorschriften entfaltet. Die Einwirkung der Grundrechte erfolgt demnach vor allem über die Generalklauseln des bürgerlichen Rechts. Das Gericht hat sich also lediglich für eine »*mittelbare* Drittwirkung« ausgesprochen und diesen Lösungsweg in seiner späteren Rechtsprechung beibehalten und spezifiziert[45].

Andererseits kann sich der Bürger seiner privatrechtlich eingegangenen Verpflichtungen nicht durch einen generellen Verweis auf seine grundrechtliche Freiheit entziehen. Das wäre das Ende jeglicher Privatautonomie. Das Bundesverfassungsgericht hat daher zu Recht festgestellt: »Die Auferlegung von zivilrechtlichen Verpflichtungen schränkt den Verpflichteten in seiner durch Art. 2 I GG geschützten allgemeinen Handlungsfreiheit ein«[46].

---

43 E.W. *Böckenförde*, Zur Lage der Grundrechtsdogmatik nach 40 Jahren Grundgesetz, o.J., (1990), S. 32 unter Verweis auf *K. Hesse*, Verfassungsrecht und Privatrecht, 1988, S. 24 ff.
44 In besonderer Eindringlichkeit mit Verweis auf Beispiele aus der Rechtsprechung des Bundesverfassungsgerichts: *Josef Isensee*, Bundesverfassungsgericht – quo vadis?, in: JZ 1996, S. 1085 ff. (1089 ff.).
45 *BVerfGE* 14, 263 (277 f.); 24, 278 (282); 25, 256 (263); 30, 173 (187 ff.); 32, 273 (277); 34, 269 (280) und in einer Vielzahl weiterer Entscheidungen.
46 *BVerfGE* 57, 361 (378).

Das dritte Folgeproblem, die Herleitung *staatlicher Handlungsaufträge* und *staatlicher Schutzpflichten*, geht ebenfalls mit der Ausstrahlungswirkung der Grundrechte als objektiver Wertentscheidungen einher. Das Bundesverfassungsgericht hat diese Konsequenz erst in seinem ersten Schwangerschaftsabbruch-Urteil vom Februar 1975 gezogen:

> »Nach der ständigen Rechtsprechung des Bundesverfassungsgerichts enthalten die Grundrechtsnormen nicht nur subjektive Abwehrrechte des Einzelnen gegen den Staat, sondern sie verkörpern zugleich eine objektive Wertordnung, die als verfassungsrechtliche Grundentscheidung für alle Bereiche des Rechts gilt und Richtlinien und Impulse für Gesetzgebung, Verwaltung und Rechtsprechung gibt (BVerfGE 7, 198 [205]; 35, 79 [114] mit weiteren Nachweisen). Ob und gegebenenfalls in welchem Umfang der Staat zu rechtlichem Schutz des werdenden Lebens von Verfassungs wegen verpflichtet ist, kann deshalb schon aus dem objektiv-rechtlichen Gehalt der grundrechtlichen Normen erschlossen werden.
>
> Die Schutzpflicht des Staates ist umfassend. Sie verbietet nicht nur – selbstverständlich – unmittelbar staatliche Eingriffe in das sich entwickelnde Leben, sondern gebietet dem Staat auch, sich schützend und fördernd vor dieses Leben zu stellen, das heißt vor allem, es auch vor rechtswidrigen Eingriffen von seiten anderer zu bewahren. An diesem Gebot haben sich die einzelnen Bereiche der Rechtsordnung, je nach ihrer besonderen Aufgabenstellung, auszurichten. Die Schutzverpflichtung des Staates muß umso ernster genommen werden, je höher der Rang des in Frage stehenden Rechtsgutes innerhalb der Wertordnung des Grundgesetzes anzusetzen ist. ....«[47].

Bereits im Hochschul-Urteil aus dem Jahre 1973 hatte das Bundesverfassungsgericht aus der Wertentscheidung des Art. 5 III GG die Verpflichtung des Staates hergeleitet, »schützend und fördernd einer Aushöhlung dieser Freiheitsgarantie vorzubeugen«[48]. Im Anschluß an das erste Schwangerschaftsabbruch-Urteil hat es in einer Reihe von Entscheidungen, die sich überwiegend auf die Schutzgüter des Art. 2 II S. 1 GG beziehen, den Gedanken grundrechtlicher Schutzpflichten des Staates verfestigt: So hat es staatliche Schutzpflichten bei Beeinträchtigungen durch terroristische Angriffe[49], durch Ge-

---

47 *BVerfGE* 39, 1 (41 f.).
48 *BVerfGE* 35, 79 (114).
49 *BVerfGE* 46, 160 und 49, 24.

fahren der Kernenergie[50], durch Flug-[51] und Straßenverkehrslärm[52] bejaht. Der Schutz des Einzelnen vor Eingriffen Dritter in seine Freiheitssphäre ist von allen staatlichen Gewalten zu gewährleisten; in aller Regel ist vor allem der Gesetzgeber aufgerufen, erforderliche Vorkehrungen zu treffen. Die sich hieraus ergebenden Handlungspflichten des Staates verdichten sich zu *Staatsaufgaben*, die bis zum Erlaß von Strafvorschriften reichen können[53].

Zur Frage nach der *subjektiv-rechtlichen Bedeutung objektivrechtlicher Grundrechtsgehalte* hat das Bundesverfassungsgericht nur fallweise und meist sehr zurückhaltend Stellung bezogen. Eine einheitliche Festlegung ist bisher nicht ersichtlich.

Eine erste grundsätzliche Antwort hat das Gericht in der numerus-clausus-Entscheidung gegeben:

> »Je stärker der moderne Staat sich der sozialen Sicherung und kulturellen Förderung der Bürger zuwendet, desto mehr tritt im Verhältnis zwischen Bürger und Staat neben das ursprüngliche Postulat grundrechtlicher Freiheitssicherung vor dem Staat die komplementäre Forderung nach grundrechtlicher Verbürgung der Teilhabe an staatlichen Leistungen«[54].

Allerdings hat das Verfassungsgericht das Teilhaberecht des Einzelnen auf die vorhandenen Ausbildungsplätze begrenzt, und auch nur unter dem »Vorbehalt des Möglichen«: »Was der Einzelne vernünftigerweise ... beanspruchen kann ..., hat in erster Linie der Gesetzgeber in eigener Verantwortung zu berücksichtigen«[55].

Am klarsten hat das Gericht im niedersächsischen Hochschul-Urteil mit der objektiven Wertentscheidung des Art. 5 III GG das subjektive Recht der Wissenschaftler auf »Teilhabe an staatlichen Leistungen« verbunden:

> »Dem einzelnen Träger des Grundrechts aus Art. 5 III GG erwächst aus der Wertentscheidung ein Recht auf solche staatlichen Maßnahmen auch organisatorischer Art, die zum Schutz seines grundrechtlich gesicherten Freiheitsraums unerläßlich sind, weil sie ihm freie wissenschaft-

---

50 *BVerfGE* 49, 89 und 53, 30.
51 *BVerfGE* 56, 54.
52 *BVerfGE* 79, 174.
53 Vgl. oben Anm. 47.
54 *BVerfGE* 33, 303 (330).
55 Ebenda S. 333.

liche Betätigung überhaupt erst ermöglichen... Diese Befugnis des einzelnen Grundrechtsträgers gegenüber der öffentlichen Gewalt, die Beachtung der wertentscheidenden Grundsatznorm durchsetzen zu können, gehört zum Inhalt des Individualgrundrechts, dessen Wirkungskraft dadurch verstärkt wird«[56]

An dieses Urteil schließen sich eine Reihe von Entscheidungen an, die den subjektiven Anspruch des Einzelnen bestätigen und zum Teil sogar noch erweitern[57].

Aus grundrechtlich begründeten staatlichen *Schutzpflichten* hat das Bundesverfassungsgericht nur in einzelnen Fällen subjektive Rechte des einzelnen Grundrechtsträgers hergeleitet. In verschiedenen Normenkontrollverfahren konnte es diese Frage dahingestellt sein lassen; von Belang ist sie insbesondere bei Verfassungsbeschwerden. In zwei Entscheidungen aus dem Jahre 1987, in denen es zum einen um den Familiennachzug von Ausländern[58], zum anderen um die Lagerung von Chemie-Waffen[59] ging, hat das Gericht die subjektiv-rechtliche Geltendmachung der Beeinträchtigung objektiv-rechtlicher Schutzpflichten bejaht.

Mit dieser Entwicklung ist ein vorläufiger Abschluß der vom Bundesverfassungsgericht gestalteten Grundrechtsrechtsprechung erreicht: Einerseits bleiben die Grundrechte individuelle Abwehrrechte gegen den Staat, so wie sie sich vor allem seit dem 19. Jahrhundert entwickelt haben, andererseits entfalten sie sich als objektiv-rechtliche Wertentscheidungen oder Grundsatznormen, die dem Staat Handlungsaufträge und Schutzpflichten auferlegen bis hin zum Erlaß von Strafrechtsvorschriften. Die sich zu Staatsaufgaben verdichtenden grundrechtlichen Grundsatznormen ihrerseits entfalten – jedenfalls in Einzelfällen – subjektive Berechtigungen des Einzelnen im Umfang der staatlichen Schutzpflichten.

Das Verständnis der Grundrechte als objektiv-rechtliche Grundsatznormen ist freilich nicht unproblematisch, weil es unvermeidliche Folgewirkungen auf das *Verhältnis von Verfassungsgericht zum Gesetzgeber* hat: In dem Maße, in dem die Grundrechte vom Bun-

---

56 *BVerfGE* 35, 79 (116).
57 Vgl. besonders: *BVerfGE* 43, 242 (267); 54, 363 (388 f.); 55, 37 (54); 57, 70 (91 ff.).
58 *BVerfGE* 76, 1 (49 f.).
59 *BVerfGE* 77, 170 (214 f.).

desverfassungsgericht als Grundsatznormen begriffen werden, wird aus der Grundrechtsinterpretation eine *Konkretisierung* von Normen im Sinne von schöpferischer Ausfüllung von etwas nur dem Prinzip nach Festgelegten, das näherer Ausgestaltung bedarf[60]. Aus dieser Sicht ist der Gesetzgeber nicht mehr frei in seiner Rechtsetzung, sondern – ebenso wie das Verfassungsgericht – zur Konkretisierung der Grundrechte als Grundsatznormen verpflichtet. Insoweit nähern sich Gesetzgebung und Verfassungsgerichtsbarkeit einander an, da beide Rechtsfortbildung in Form der Konkretisierung betreiben. Der qualitative Unterschied zwischen beiden geht verloren; sie treten in ein »Konkurrenzverhältnis«, in dem »der Gesetzgeber die Vorhand, das Verfassungsgericht aber den Vorrang hat«[61].

Die weiteren Auswirkungen sind nicht zu übersehen: Mit der Veränderung in der Zuordnung beider Gewalten vollzieht sich »ein gleitender Übergang vom parlamentarischen Gesetzgebungsstaat zum verfassungsgerichtlichen Jurisdiktionsstaat«[62]. Dadurch wird das Verfassungsgefüge des Grundgesetzes eine völlig andersgeartete Qualität gewinnen:

> »So wird das Netz verfassungsrechtlicher Vorgaben für den Gesetzgeber sowohl ausgreifender und fortschreitend auch enger geknüpft; der Gesetzgeber gerät – bezogen auf seine Rechtsgestaltungsmacht – je länger je mehr in die Rolle eines Verordnungsgebers«[63].

Mit drei *besonderen Beiträgen* hat das Bundesverfassungsgericht darüber hinaus die Geltungskraft der Grundrechte erweitert bzw. verstärkt. Schon in einer frühen Entscheidung – dem Elfes-Urteil[64] – hat es etwaige Lücken im grundrechtlichen Freiheitsschutz dadurch geschlossen, daß das Grundrecht der »freien Entfaltung der Persönlichkeit« in Art. 2 I GG im Sinne einer *allgemeinen Handlungsfreiheit* interpretiert wurde:

> »Das Grundgesetz kann mit der ›freien Entfaltung der Persönlichkeit‹ nicht nur die Entfaltung innerhalb jenes Kernbereichs der Persönlich-

---

60 Besonders eindringlich – auch zum Folgenden: *E. W. Böckenförde*, Grundrechte als Grundsatznormen, in: Der Staat Bd. 29 (1990), 1 ff. (21 ff.).
61 Ebenda, S. 25.
62 Ebenda, S. 25
63 Ebenda, S. 30.
64 *BVerfGE* 6, 32 (36 ff.).

keit gemeint haben, der das Wesen des Menschen als geistig-sittliche Person ausmacht; denn es wäre nicht verständlich, wie die Entfaltung innerhalb dieses Kernbereichs gegen das Sittengesetz, die Rechte anderer oder sogar gegen die verfassungsmäßige Ordnung einer freiheitlichen Demokratie sollte verstoßen können. Gerade diese, dem Individuum als Mitglied der Gemeinschaft auferlegten Beschränkungen zeigen vielmehr, daß das Grundgesetz in Art. 2 I GG die Handlungsfreiheit im umfassendsten Sinne meint«[65].

Im konkret zu entscheidenden Elfes-Fall hat das Gericht die *Auswanderungsfreiheit* als eine Betätigungsform der allgemeinen Handlungsfreiheit angesehen. In einer späteren Entscheidung hat es das Recht des Einzelnen auf Schutz seiner persönlichen Daten, das *Recht auf »informationelle Selbstbestimmung«*, ebenfalls dazu gezählt[66].

Ein zweiter Beitrag des Bundesverfassungsgerichts betrifft die *Einschränkbarkeit von Grundrechten* in den durch eine engere Beziehung des Einzelnen zum Staat begründeten *»besonderen Gewaltverhältnissen«*. In einem Grundsatz-Beschluß hat das Gericht entschieden, daß die Grundrechte von *Strafgefangenen* nur durch Gesetze oder aufgrund von Gesetzen eingeschränkt werden dürfen, wenn eine Einschränkung »zur Erreichung eines von der Wertordnung des Grundgesetzes gedeckten gemeinschaftsbezogenen Zwekkes unerläßlich ist«[67]. Gleiches hat es auch für das *Schulverhältnis* festgestellt[68]. Im Zuge seiner Rechtsprechung, den Vorbehalt des Gesetzes im Bereich der Grundrechtsausübung auf alle »wesentlichen Entscheidungen« auszudehnen[69] – sog. *Wesentlichkeitstheorie* –, hat das Bundesverfassungsgericht diese Theorie generell auf die »besonderen Gewaltverhältnisse« erstreckt[70].

Der dritte Beitrag bezieht sich auf die *Grundrechtsverwirklichung durch Organisationsformen und Verfahrensregelungen*. Neben den

---

65 Ebenda, S. 36 und seither in ständiger Rechtsprechung: vgl. besonders *BVerfGE* 74, 129 (151 f.); 80, 137 (152 ff.).
66 *BVerfGE* 65, 1 (43 f.).
67 *BVerfGE* 33, 1 (11); 40, 237 (253 f.); 40, 276 (283).
68 *BVerfGE* 41, 251 (259); 45, 400 (417 f.); 47, 46 (78 f.); 58, 257 (268 f.).
69 Vgl. vor allem den *Kalkar-Beschluß* des Bundesverfassungsgerichts vom August 1978: *BVerfGE* 49, 89 (126 f.) und die dort zitierten Entscheidungen; seither ständige Rechtsprechung.
70 *BVerfGE* 41, 251 (260 ff.); 45, 400 (417); 47, 46 (79).

Prozeßgrundrechten (Art. 19 IV, 101, 103 und 104 GG) geht es dem Verfassungsgericht um die Einwirkung der *materiellen* Grundrechte auf Organisation und Verfahren. So hat das Bundesverfassungsgericht aus Art. 5 I S. 2 GG spezifische Anforderungen an die Organisation des *öffentlich-rechtlichen Rundfunks* hergeleitet:

> »Die Veranstalter von Rundfunkdarbietungen müssen ... so organisiert werden, daß alle in Betracht kommenden Kräfte in ihren Organen Einfluß haben und im Gesamtprogramm zu Wort kommen können, und daß für den Inhalt des Gesamtprogramms Leitgrundsätze verbindlich sind, die ein Mindestmaß von inhaltlicher Ausgewogenheit, Sachlichkeit und gegenseitiger Achtung gewährleisten...«[71].

Als weiteres Beispiel sei auf die aus Art. 5 III GG hergeleiteten Anforderungen an die Organisation der *wissenschaftlichen Hochschulen*[72] hingewiesen.

Das Bundesverfassungsgericht hat in dem Mülheim-Klärlich-Beschluß aus dem Jahre 1979 entschieden, daß das Grundrecht des Art. 2 II GG auch die Anwendung der Vorschriften über das *behördliche und gerichtliche Verfahren* bei der Genehmigung von Kernkraftwerken maßgebend beeinflußt, denn die vorrangige Aufgabe dieser Vorschriften besteht darin, Leben und Gesundheit vor den Gefahren der Kernenergie zu schützen[73]. Im Brokdorf-Beschluß von 1985 hat es noch einmal nachdrücklich betont, daß

> »die Grundrechte nicht nur die Ausgestaltung des materiellen Rechts beeinflussen, sondern zugleich Maßstäbe für eine den Grundrechtsschutz effektuierende Organisations- und Verfahrensgestaltung sowie für eine grundrechtsfreundliche Anwendung vorhandener Verfahrensvorschriften setzen«[74].

c) Der Überblick über die Entwicklung der Grundrechtsdogmatik in der Bundesrepublik am Beispiel der Rechtsprechung des Bundesver-

---

71 *BVerfGE* 12, 205 (262 f.) und seither in ständiger Rechtsprechung. Ähnlich auch die Anforderungen an die Organisation *privaten* Rundfunks: vgl. *BVerfGE* 57, 295 (323 ff.); 73, 118 (158 ff.); 74, 297 (325; 330).
72 *BVerfGE* 35, 79 (115 ff.) – auszugsweise oben (siehe den Nachweis in Anm. 56) zitiert. Vgl. ferner: *BVerfGE* 43, 242 (267 ff.); 47, 327 (386 ff.); 61, 210 (239 ff.).
73 *BVerfGE* 53, 30 (65 ff.).
74 *BVerfGE* 69, 315 (355) mit Nachweisen der früheren Verfassungsrechtsprechung.

fassungsgerichts hat gezeigt, daß das Gericht weit über die Ansätze in der Weimarer Republik hinausgegangen ist und neue Wege beschritten hat. Der Anteil der Wissenschaft an dieser Entwicklung, der angesichts der unübersehbaren Fülle der Literaturbeiträge aus Raumgründen hier nicht entfaltet werden kann[75], ist bedeutsam. Viele Anregungen, Vorarbeiten, Verfeinerungen und Weiterführungen stammen aus der Feder herausragender Wissenschaftler und Praktiker, welche die dargestellte Entwicklung ausführlich kommentiert und kritisiert haben und damit dem Verfassungsgericht wertvolle Beiträge zur Ausdifferenzierung der Grundrechtsdogmatik geliefert haben.

Abschließend bedarf es noch eines Blicks auf die *Grundrechtstheorien*, zu denen sich das Bundesverfassungsgericht nicht geäußert hat. Die neuen Wege in der Grundrechtsdogmatik und die neuartigen Grundrechtswirkungen führten in den siebziger Jahren zur Frage nach dem für die Grundrechtsauslegung maßgebenden *Vorverständnis*, das heißt nach der »Grundrechtstheorie, die ... jeder Grundrechtsinterpretation zugrunde liegt, weil die Grundrechte aus ihrer Wortfassung viel zu fragmentarisch sind, um allein im Wege klassischer Hermeneutik interpretiert zu werden«[76].

Auf der Suche nach der leitenden Grundrechtstheorie des Grundgesetzes, verstanden als maßgebendem Orientierungshorizont für die Grundrechtsinterpretation[77], hat *Ernst-Wolfgang Böckenförde* in einem vielberufenen Aufsatz fünf verschiedene Grundrechtstheorien unterschieden[78], für die sich Anwendungsfälle in der Rechtsprechung des Bundesverfassungsgerichts finden lassen:

aa) die herkömmliche *liberale Grundrechtstheorie*, welche die Grundrechte als Abwehrrechte des Einzelnen gegen staatliche Eingriffe in seine Freiheitssphäre begreift[79].

---

75 Die ausführlichste Darstellung der Grundrechtsentwicklung unter optimaler Berücksichtigung der Literatur bei: *Klaus Stern*, Das Staatsrecht der Bundesrepublik Deutschland Bd. III 1 (1988) mit 1595 Seiten und Bd. III 2 (1994) mit 1846 Seiten.
76 *E. W. Böckenförde*, Diskussionsbeitrag in: VVDStRL H 30 (1972), S. 162.
77 *K. Kröger*, Grundrechtstheorie als Verfassungsproblem, 1978, S. 10 f.
78 *E. W. Böckenförde*, Grundrechtstheorie und Grundrechtsinterpretation, in: NJW 1974, S. 1529 ff.
79 Vgl. dazu etwa: *BVerfGE* 6, 32 (41); 7, 305 (319); 13, 97 (104); 20, 150 (160 f.) und weitere spätere Entscheidungen.

bb) die *institutionelle Grundrechtstheorie*, die in den Grundrechten Elemente einer objektiven Ordnung bestimmter Lebensbereiche sieht, die durch gesetzliche Regelungen Freiheit erst ermöglicht und verwirklicht[80];

cc) die *Werttheorie*, welche die Grundrechte in erster Linie als objektive Wertordnung versteht, durch die die Geltungskraft der Freiheitsrechte prinzipiell verstärkt wird[81];

dd) die *demokratisch-funktionale Grundrechtstheorie*, welche die Grundrechte speziell von ihrer öffentlichen und politischen Funktion her begreift und daher in ihnen vor allem politische Teilhaberechte sieht[82];

ee) die *sozialstaatliche Grundrechtstheorie*, nach der die Grundrechte auch soziale Leistungsansprüche an den Staat vermitteln[83]

Im Schrifttum hat sich indessen rasch die Auffassung durchgesetzt, daß sich aus den Grundrechtstheorien, die nicht generell, sondern nur speziell von Fall zu Fall zugrunde gelegt werden können, *keine allgemein verbindliche Grundrechtstheorie* des Grundgesetzes entwickeln lasse.[84]. Statt dessen hat sich die Literatur wieder mehr der Grundrechtsdogmatik zugewandt. »Dem Mehr an Dogmatik entspricht folgerichtig die Dogmatisierung des bundesverfassungsgerichtlichen Richterrechts zu einem Rechtsprechungspositivismus«[85]. Hierin liegt zugleich die Rechtfertigung dafür, die Darstellung der Grundrechtsentwicklung unter dem Grundgesetz vorwiegend auf die Rechtsprechung des Bundesverfassungsgerichts zu konzentrieren.

---

80 Ansätze finden sich in der Rechtsprechung, die aus den Grundrechten staatliche Handlungsaufträge und staatliche Schutzpflichten herleitet – siehe oben Anm. 47.
81 Vgl. die ständige Rechtsprechung, beginnend mit dem *Lüth-Urteil* – siehe oben Anm. 29.
82 Vgl. dazu: *BVerfGE* 7, 198 (208 f.); 20, 162 (176); 60, 234 (240); 74, 297 (337).
83 Siehe die Nachweise oben in Anm. 56 und 57.
84 Vgl. dazu: *Fritz Ossenbühl*, Die Interpretation der Grundrechte in der Rechtsprechung des Bundesverfassungsgerichts, in: NJW 1976, S. 2100 ff. (2104); *R. Alexy*, Theorie der Grundrechte, 1985, S. 18; 520; *W. Höfling*, Offene Grundrechtsinterpretation, 1987.
85 *W. Schmidt* (Anm. 11), S. 209.

VI. Kapitel

Die Grundrechte in der sowjetischen Besatzungszone und in den Verfassungen der Deutschen Demokratischen Republik von 1949 und 1968

Literatur

Schultes, Karl, Der Aufbau der Länderverfassungen in der Sowjetischen Besatzungszone, 1948.
Mampel, Siegfried, Die Verfassung der sowjetischen Besatzungszone Deutschlands, 2. Aufl. 1966.
Beutler, Bengt, Die Länderverfassungen in der gegenwärtigen Verfassungsdiskussion, in: JöR NF Bd. 26 (1977), S. 1 ff.
Braas, Gerhard, Die Entstehung der Länderverfassungen in der sowjetischen Besatzungszone Deutschlands 1946/47, 1987.
Zieger, Gottfried – Zieger, Andrea, Die Verfassungsentwicklung in der sowjetischen Besatzungszone Deutschlands / DDR von 1945 bis Sommer 1952, 1990.

Roggemann, Herwig (Hg.), Die DDR-Verfassungen, 3. Aufl. 1980.
Böckenförde, Ernst-Wolfgang, Die Rechtsauffassung im kommunistischen Staat, 1967.
Brunner, Georg, Einführung in das Recht der DDR, 1975.
Müller-Römer, Dietrich, Die Entwicklung des Verfassungsrechts in der DDR seit 1949, in: AöR Bd. 95 (1970), S. 528 ff.
derselbe, Die neue Verfassung der DDR, 1974.
Mampel, Siegfried, Die sozialistische Verfassung der Deutschen Demokratischen Republik, 2. Aufl. 1982.

Poppe, Eberhard – Schüsseler, Rolf, Sozialistische Grundrechte und Grundpflichten der Bürger, in: Staat und Recht Bd. 12 (1963), S. 209 ff.
Klenner, Hermann, Studien über die Grundrechte, 1964.
Müller-Römer, Dietrich, Die Grundrechte in Mitteldeutschland, 1965.
Büchner = Uhder, Willi – Poppe, Eberhard – Schüsseler, Rolf, Grundrechte und Grundpflichten der Bürger in der DDR, in: Staat und Recht: Bd. 15 (1966), S. 563 ff.

Müller-Römer, Dietrich, Die Grundrechte im neuen mitteldeutschen Verfassungsrecht, in: Der Staat Bd. 7 (1968), S. 307 ff.
Burens, Peter-Claus, Die politische Funktion der Grundrechte in der DDR, in: Der Staat Bd. 13 (1974), S. 169 ff.

Völlig anders als in den drei Westzonen verlief die Grundrechtsentwicklung nach 1945 in der *sowjetischen Besatzungszone.* Im Zuge des Aufbaus einer sozialistischen Ordnung sowjetischer Prägung war die *Errichtung von Verfassungen* in Thüringen, Sachsen-Anhalt, Mecklenburg, Brandenburg und Sachsen zwischen Dezember 1946 und Februar 1947[1] nur eine *Zwischenstufe,* um die Monopolherrschaft der sozialistischen Einheitspartei mit Hilfe des bereits im Juni 1945 gegründeten »Antifaschistisch-demokratischen Blocks« zu erringen.

Grundrechtskataloge im herkömmlichen Sinne fanden sich in den Verfassungen von *Sachsen, Sachsen-Anhalt* und *Mecklenburg,* die sich inhaltlich und zum großen Teil auch in den Formulierungen an den Grundrechtsteil der Weimarer Reichsverfassung anlehnten. Sie gewährten liberale Abwehr- und die überkommenen Gleichheitsrechte sowie soziale Grundrechte, denen allerdings meist nur der Charakter unverbindlicher Programmsätze zukam. Die Verfassung von *Brandenburg* vom 31. Januar 1947 begnügte sich in Art. 6, die von *Thüringen* vom 20. Dezember 1946 in Art. 3 Absatz III mit einer summarischen Aufzählung einiger der traditionellen liberalen Grundrechte. Im übrigen fanden sich in allen fünf Verfassungen weitere Grundrechte in den Abschnitten über das Wirtschafts- und Kulturleben.

Die Abkehr vom bürgerlich-liberalen *Grundrechtsverständnis* dokumentierte sich in einer Reihe von Grundrechtsaussagen: In drei der Verfassungen der sowjetischen Besatzungszone wurde die *Versammlungsfreiheit* auf das Recht reduziert, »sich an Versammlungen und Demonstrationen zu *beteiligen*«[2]. Nach Art. 19 Abs. II der sächsischen Verfassung war das *Erbrecht* nicht nach Maßgabe des bürgerlichen Rechts, sondern nur »nach den Grundsätzen der sozialen Ge-

---

1 Abgedruckt bei: *E. R. Huber (Hg.),* Quellen zum Staatsrecht der Neuzeit, Bd. II (1951), S. 474 ff.
2 Vgl. Art. 11 S. 1 der sächsischen, Art. 10 S. 2 der mecklenburgischen Verfassung und Art. 11 S. 1 der Verfassung von Sachsen-Anhalt.

rechtigkeit« garantiert. In der thüringischen Verfassung (Art. 57 I) und in der sächsischen (Art. 19 I) wurde die herkömmliche Trennung von *Eigentumsgarantie und Enteignungsregelung* aufgegeben und dem Gesetzgeber eine umfassende Gestaltungsmöglichkeit der Eigentumsverhältnisse eingeräumt. Mehr noch fiel ins Gewicht, daß alle Grundrechte der Verfassungen der sowjetischen Besatzungszone wie auch später die der Verfassungen der Deutschen Demokratischen Republik im Sinne der kommunistischen Doktrin zu interpretieren waren[3], worauf im einzelnen noch einzugehen sein wird.

Nach der Etablierung der Monopolherrschaft der Sozialistischen Einheitspartei gingen die Machthaber daran, das Zugeständnis an die bürgerlichen Parteien, herkömmliche Verfassungen mit liberalen Grundrechtsgarantien zuzulassen, aufzuheben. Durch das »Gesetz über die weitere Demokratisierung des Aufbaus und der Arbeitsweise der staatlichen Organe in den Ländern der Deutschen Demokratischen Republik« vom 23. Juli 1952 (GBl. S. 613) wurden die *Länder und damit ihre Verfassungen beseitigt* und die Republik lediglich nach Bezirken gegliedert, die den Weisungen der Zentralverwaltungsbehörden unterworfen waren.

Fortbestanden indessen die Grundrechte, die nach der Konstituierung der *Deutschen Demokratischen Republik mit der Verfassung vom 7. Oktober 1949*[4] begründet worden waren. Auch sie orientierten sich weitgehend an dem Grundrechtskatalog der Weimarer Reichsverfassung, wenn auch mit charakteristischen Abweichungen und Einbettungen, die auf das Ziel der Errichtung der sozialistischen Gesellschaftsordnung ausgerichtet waren.

Die Verfassung von 1949 übernahm den Begriff »Grundrechte« nicht, sondern sprach nur von den »*Rechten der Bürger*«. Diese galten nach der ambivalent formulierten Kapitelüberschrift B der Verfassung (vor Art. 6) als »*Inhalt und* Grenzen der Staatsgewalt«. Ihre kennzeichnende Ausrichtung erhielten sie durch die grundlegende Bestimmung des Art. 3 Absatz II:

---

3 Vgl. dazu ausführlich: *E. W. Böckenförde*, Die Rechtsauffassung im kommunistischen Staat, 1967, S. 43 ff.
4 Abgedruckt bei: *E. R. Huber* (Anm. 1), S. 292 ff.; siehe auch: *H. Roggemann* (Hg.), Die DDR-Verfassungen, 3. Aufl. 1980, S. 200 ff.

»Jeder Bürger hat das Recht und die Pflicht zur Mitgestaltung in seiner Gemeinde, seinem Kreise, seinem Lande und in der Deutschen Demokratischen Republik.«

Art. 6 und 7 gewährleisteten die Gleichberechtigung aller Bürger. Nach Art. 8 wurden die persönliche Freiheit, die Unverletzlichkeit der Wohnung, das Postgeheimnis und das Niederlassungsrecht garantiert, doch konnten diese Rechte durch die Staatsgewalt nicht nur beschränkt, sondern auch entzogen werden (Art. 8 S. 2). Die Meinungs- und die Versammlungsfreiheit bestanden innerhalb der Schranken der für alle geltenden Gesetze (Art. 9 I). Art. 10 regelte das Auslieferungsverbot (Abs. I und II) sowie das Recht auszuwandern (Abs. III). Die Vereinigungsfreiheit wurde gewährleistet (Art. 12 und 14). Das Recht auf Arbeit wurde verbürgt (Art. 15 II S. 1), und die Rechte der Arbeitenden waren näher bestimmt (Art. 15 II, 16–18).

Im Unterabschnitt »Wirtschaftsordnung« waren besonders die Gewährleistung des Eigentums – allerdings auch dessen Beschränkungen (Art. 22I, 23 u. 24) – die Garantie des Erbrechts (Art. 22 II) sowie die Förderung der Bauern, der Handel- und Gewerbetreibenden »in der Entfaltung ihrer privaten Initiative« (Art. 20) von Bedeutung. Freilich waren die staatlichen Ermächtigungen zur Planung und Lenkung der Wirtschaftsordnung, zur Kollektivierung des Bodenrechts sowie zur Überführung von privaten Besitztümern, Betrieben und Unternehmungen in Volkseigentum (Art. 21, 24 III-V, 25–27) von stärkerem Gewicht.

Ehe, Familie und Mutterschaft wurden gemäß Art. 30 bis 33 besonders geschützt. Die Freiheit von Kunst und Wissenschaft wurde in Art. 34 gewährleistet; Erziehung und Bildung wurden in den Art. 35 bis 39 näher geregelt. Anlehnend an die Bestimmungen der Weimarer Reichsverfassung wurden die Religionsfreiheit und die Rechte der Religionsgemeinschaften garantiert (Art. 41–48).

Trotz ihrer Anlehnung an das bürgerliche Verfassungsmodell hatten die Grundrechte der DDR-Verfassung von 1949 eine anders geartete Funktion und Bedeutung und erforderten deshalb eine völlig andere Interpretation. Im sozialistischen Staat und der ihr zugeordneten sozialistischen Gesellschaft erfuhren die *Grundrechte* eine neue *Sinn- und Inhaltsbestimmung*. Nach der marxistischen Ideologie bestand im Sozialismus eine objektive Übereinstimmung der Interessen des Einzelnen und der Gesellschaft, welche den bürgerlichen Interessen-Antagonismus zwischen Individuum und Staat überwunden hatte. Für die Sicherung einer staatsfreien Sphäre war daher kein Raum mehr, weil der Einzelne untrennbar mit der sozialistischen Gesellschaft verbunden war.

»Die Einheit, die Übereinstimmung zwischen den gesellschaftlichen Erfordernissen und den materiellen Interessen aller Bürger ist nach dem Sieg der sozialistischen Produktionsverhältnisse objektiv vorhanden. Dazu bedarf es keiner Grundrechte mehr. Hingegen ist es erforderlich, diese Übereinstimmung jedem einzelnen bewußt zu machen, jeden einzelnen an der Leitung der Wirtschaft, der Kultur und des Staates zu beteiligen und jeden einzelnen an höchsten Leistungen, vor allem im gesamten Reproduktionsprozeß materiell und moralisch zu interessieren. Und dazu sind (unter anderem) Grundrechte erforderlich«[5].

Die Grundrechte hatten keine Schutzfunktion gegenüber dem Staat mehr, sondern eine *Mobilisierungsfunktion*, um den Bürger auf allen Ebenen zur kontrollierten Beteiligung am Aufbau und an der Weiterentwicklung der sozialistischen Gesellschaft zu berechtigen, aber auch zu verpflichten. Denn nach dem sozialistischen Verständnis waren die Grundrechte nicht nur *Mitwirkungsrechte*; sie enthielten zugleich *Betätigungspflichten*[6]. Als solche waren sie in die sozialistische Ordnung eingebunden und standen allein in deren Dienst. Nur der bewußt auf dem Boden der neuen Gesellschaftsordnung stehende Bürger konnte und durfte sich auf die Grundrechte berufen. Jede dem Sozialismus abträgliche Betätigung genoß nicht nur keinen grundrechtlichen Schutz, sondern war sogar ein Verbrechen, wie der beliebig interpretierbare Art. 6 Absatz II der Verfassung von 1949 verdeutlichte:

»Boykotthetze gegen demokratische Einrichtungen und Organisationen, Mordhetze gegen demokratische Politiker, Bekundung von Glaubens-, Rassen-, Völkerhaß, militärische Propaganda sowie Kriegshetze und alle sonstigen Handlungen, die sich gegen die Gleichberechtigung richten, sind Verbrechen im Sinne des Strafgesetzbuches. Ausübung demokratischer Rechte im Sinne der Verfassung ist keine Boykotthetze.«

---

5 *H. Klenner*, Sudien über die Grundrechte, 1964, S. 52.
6 *Derselbe*, ebenda S. 91 ff.; vgl. ferner: *W. Büchner – Uhder – E. Poppe – R. Schüsseler*, Grundrechte und Grundpflichten der Bürger in der DDR, in: Staat und Recht Bd. 15 (1966), S. 563 ff.

Diese Umdeutung der Grundrechte hatte mit dem ursprünglichen Sinn und Anliegen grundrechtlicher Freiheit nichts mehr gemein. Die *Instrumentalisierung der Grundrechte* im kommunistischen Rechtsdenken war geradezu die Pervertierung aufklärerischen Freiheitsdenkens.

Nachdem sich die kommunistische Herrschaft in den sechziger Jahren gefestigt hatte, wurde die DDR-Verfassung von 1949, die in ihrem Grundrechtsteil nach außen hin vorgab, dem bürgerlichen Verfassungsmodell zu entsprechen, durch die auch äußerlich durch und durch *sozialistische Verfassung vom 6. April 1968* ersetzt, die später durch die Verfassungsnovelle vom 7. Oktober 1974 modifiziert wurde[7].

Das schon oben beschriebene sozialistische Grundrechtsverständnis fand in Art. 19 Absatz III seinen unzweideutigen Ausdruck:

> »... jeder Bürger (hat) gleiche Rechte und vielfältige Möglichkeiten, seine Fähigkeiten in vollem Umfange zu entwickeln und seine Kräfte aus freiem Entschluß zum Wohle der Gesellschaft und zu seinem eigenen Nutzen in der sozialistischen Gemeinschaft ungehindert zu entfalten. So verwirklicht er Freiheit und Würde seiner Persönlichkeit. ...«

Dem Vorrang der gesellschaftlichen Interessen, deren Inhalt jeweils von der Führung der Sozialistischen Einheitspartei bestimmt wurde, entsprach die *soziale Funktion der Grundrechte:* Sie dienten allein als Instrument zur Vergesellschaftung des Menschen, zur Integration des Individuums in das Kollektiv und zur Mobilisierung der Menschen für den Ausbau der sozialistischen Gesellschaft[8]. Das Recht auf und die Pflicht zur »*Mitbestimmung und Gestaltung*« prägten den sozialistischen Grundrechtsstatus (Art. 21 II) und waren zugleich »eine hohe moralische Verpflichtung für jeden Bürger« (Art. 21 III).

Die oben dargestellten einzelnen Grundrechte der Verfassung von 1949 wurden in die Verfassung von 1968 weitgehend übernommen, jedoch die *Beschränkungen und Vorbehalte* weiter verstärkt. So wur-

---

7 Der Verfassungstext ist unter Berücksichtigung der Verfassungsnovelle abgedruckt bei: *H. Roggemann* (Anm. 4), S. 135 ff.; beachte auch ebenda die Synopse S. 173 ff.
8 Vgl. dazu prägnant: *G. Brunner*, Einführung in das Recht der DDR, 1975, S. 95.

den das Recht auf einen Arbeitsplatz und dessen freie Wahl von »den gesellschaftlichen Erfordernissen und der persönlichen Qualifikation« abhängig gemacht (Art. 24 I S. 2). Das gleiche Recht aller auf Bildung (Art. 25) wurde garantiert, aber der Zugang zu den höheren Bildungsstätten nur »entsprechend dem Leistungsprinzip, den gesellschaftlichen Erfordernissen und unter Berücksichtigung der sozialen Struktur der Bevölkerung« gewährt (Art. 26 I). Das Recht auf Wohnraum wurde »entsprechend den volkswirtschaftlichen Möglichkeiten und örtlichen Bedingungen« verbürgt (Art. 37 I S. 1).

Die *politischen Rechte* der Meinungsfreiheit (Art. 27), der Versammlungsfreiheit (Art. 28) und der Vereinigungsfreiheit (Art. 29) galten »im Rahmen der Grundsätze und Ziele der Verfassung«, deren Auslegung in das Belieben der Führungsorgane der Sozialistischen Einheitspartei gestellt war. Die *persönlichen Rechte*, wie z.B. die Freiheit der Persönlichkeit (Art. 30), das Post- und Fernmeldegeheimnis (Art. 31) und das Recht auf Freizügigkeit innerhalb des Staatsgebietes der Deutschen Demokratischen Republik (Art. 32), standen unter einem Gesetzesvorbehalt. Da in allen gesellschaftlichen – auch rechtlichen – Fragen die Sozialistische Einheitspartei ein Entscheidungsmonopol besaß, konnten alle Beschränkungen willkürlich ausgedehnt werden, was auch des öfteren geschah.

VII. Kapitel

Die Grundrechte in den Verfassungen der neuen Länder der Bundesrepublik Deutschland

Literatur

Neben den Kommentaren zu den Verfassungen der neuen Länder vgl. vor allem: *Klaus Stern* (Hg.), Deutsche Wiedervereinigung Bd. III, 1992.
Mangoldt, Hans v., Die Verfassungen der neuen Bundesländer, 2. Aufl. 1997.
Blümel, Willi – Magiera, Siegfried, u.a. (Hg.), Verfassungsprobleme im vereinten Deutschland, 1993.

Vogelgesang, Klaus, Die Verfassungsentwicklung in den neuen Bundesländern, in: DöV 1991, S. 1045 ff.
Boehl, Henner Jörg, Landesverfassungsgebung im Bundesstaat – Zur Neukonstituierung der Länder im beigetretenen Teil Deutschlands, in: Der Staat Bd. 30 (1991), S. 572 ff.
Erbgut, Wilfried – Wiegand, Bodo, Über Möglichkeiten und Grenzen von Landesverfassungen im Bundesstaat, in: DöV 1992, S. 770 ff.
Feddersen, Christoph, Die Verfassunggebung in den neuen Ländern: Grundrechte, Staatsziele, Plebiszite, in: DöV 1992, S. 989 ff.
Starck, Christian, Verfassunggebung in den neuen Ländern, in: ZfG 1992, S. 1 ff.
Häberle, Peter, Die Verfassungsbewegung in den fünf neuen Bundesländern, in: JöR NF Bd. 42 (1993), S. 69 ff.
Sacksofsky, Ute, Landesverfassungen und Grundgesetz – am Beispiel der Verfassungen der neuen Länder, in: NVwZ 1993, S. 235 ff.
Kilian, Michael – Malinka, Hartmut, Die Verfassungen der neuen Bundesländer im Spiegel der Kommentarliteratur, in: DöV 1996, S. 265 ff.

Dietlein, Johannes, Die Grundrechte in den Verfassungen der neuen Bundesländer, 1993.
derselbe, Die Rezeption von Bundesgrundrechten durch Landesverfassungsrecht, in: AöR Bd. 120 (1995), S. 1 ff.
Kutscha, Martin, Soziale Grundrechte und Staatszielbestimmungen in den neuen Landesverfassungen, ZRPol. 1993, S. 339 ff.
Campenhausen, Axel Frhr. v., Kommentierung des Art. 141 GG, in: *v. Mangoldt-Klein,* Kommentar zum Grundgesetz, 3. Aufl. 1991.

Schlink, Bernhard, Religionsunterricht in den neuen Ländern, in: NJW 1992 S. 1008 ff.
Leistikow, Sven – Krzyweck, Hans-Jürgen, Der Religionsunterricht in den neuen Bundesländern, in: RdJB 1991, S. 308 ff.
Winter, Jörg, Zur Anwendung des Art. 7 III GG in den neuen Ländern der Bundesrepublik Deutschland, in: NVwZ 1991, S. 753 ff.
Jach, Frank-Rüdiger, Die Entstehung des Bildungsverfassungsrechts in den neuen Bundesländern, in: RdJB 1992, S. 268 ff.
Schwerin, Eckart, Die Einrichtung des Religionsunterrichts in den neuen Bundesländern, in: RdJB 1992, S. 311 ff.
Renck, Ludwig, Rechtsfragen des Religionsunterrichts im bekenntnisneutralen Staat, in: DöV 1994, S. 27 ff.

Die weltpolitischen Veränderungen, die Mitte der achtziger Jahre durch die Politik von Glasnost und Perestroika des Generalsekretärs der Sowjetischen Kommunistischen Partei, *Gorbatschow,* ausgelöst worden waren, griffen 1989 auf die Deutsche Demokratische Republik über und führten zum Zerfall der totalitären Herrschaft der Sozialistischen Einheitspartei. Nach den ersten freien Wahlen am 18. März 1990 wirkte die neugewählte Volkskammer auf die Herstellung *liberal-demokratischer Verfassungsverhältnisse* hin. Sie beschloß am 23. August 1990 den *Beitritt* der Deutschen Demokratischen Republik *zur Bundesrepublik Deutschland* nach Art. 23 AF GG mit Wirkung vom 3. Oktober 1990[1]. Die aufgrund des Ländereinführungsgesetzes der Volkskammer vom 22. Juli 1990 (DDR-GBl. I, S. 955) *neugebildeten Länder* Brandenburg, Mecklenburg-Vorpommern, Sachsen, Sachsen-Anhalt und Thüringen wurden mit dem Wirksamwerden des Beitritts der Deutschen Demokratischen Republik Länder der Bundesrepublik Deutschland.

Die von den erstgewählten Länderparlamenten verabschiedeten *liberal-demokratischen Verfassungen* beschränken sich nicht auf organisatorische Regelungen, sondern enthalten zugleich *Grundrechtskataloge.* Während die Verfassung von *Mecklenburg-Vorpommern* vom 23. Mai 1993 (GVBl. S. 372) gemäß Art. 5 III die Grundrechte und staatsbürgerlichen Rechte des Grundgesetzes im ganzen übernimmt und lediglich einzelne Gewährleistungen hinzufügt, umfassen die vier übrigen neuen Länderverfassungen eigenständig formulierte Grundrechtsabschnitte, die sich allerdings – wenn auch

---

1 Abgedruckt im BGBl. I, S. 2057.

nicht ausschließlich – am Grundgesetz orientieren. Das 1990 erstmals wieder freigewählte Abgeordnetenhaus des aus den 23 Stadtbezirken gebildeten *Landes Berlin* entschied sich in seiner konstituierenden Sitzung vom 11. Januar 1991 für die Übernahme der West-Berliner Verfassung vom 1. September 1950 (VO Bl. I, S. 433) für das wiedervereinigte Berlin.

Die Verfassungen *Brandenburgs* vom 20. August 1992 (GVBl. I, S. 298), *Sachsens* vom 27. Mai 1992 (GVBl. S. 243), *Sachsen-Anhalts* vom 16. Juli 1992 (GVBl. S. 600) und *Thüringens* vom 25. Oktober 1993 (GVBl. S. 625) gewährleisten die auch im Grundgesetz enthaltenen *Freiheits- und Gleichheitsrechte* in fast gleichlautenden Formulierungen[2]. Abweichungen von den grundgesetzlichen Gewährleistungen weisen die neuen Landesverfassungen insbesondere in der Frage der *Grundrechtsträgerschaft* auf: Verschiedene im Grundgesetz nur den Deutschen garantierte Grundrechte werden in den neuen Verfassungen jedermann gewährleistet[3]. Darüber hinaus enthalten sie durchweg *soziale Garantien*, wie das Recht auf Bildung[4], auf Arbeit[5], auf Wohnung[6] und soziale Sicherung[7], die teils als subjektiv-öffentliche Rechte, teils als Staatszielbestimmungen verbürgt werden. In alledem offenbart sich das Bestreben, »soziale Errungenschaften« der untergegangenen Deutschen Demokratischen Republik zu bewahren[8]. In allen Verfassungen der neuen Länder finden sich ferner Garantien des Datenschutzes[9]. Eine Besonderheit bringt die Regelung des Art. 26 II der Verfassung von Brandenburg: Neben dem Schutz von Ehe und Familie wird »die Schutzbedürftigkeit an-

---

2 Vgl. dazu kurzerhand die Übersicht bei: *Klaus Stern*, Das Staatsrecht der Bundesrepublik Deutschland, Bd. III 2, 1994, S. 1448 ff.
3 Siehe insbesondere: Art. 17,20,23 und 49 der Brbg. Verf.; Art. 23 und 28 der Sächs. Verf.; Art. 12 der Sachs-Anh. Verf. – Zur Problematik: vgl. *J. Dietlein*, Die Grundrechte in den Verfassungen der neuen Bundesländer, 1993, S. 82 ff.
4 Art. 29 I Brbg. Verf.; Art. 8 Meckl.-VVerf.; Art. 7 Sächs. Verf.; Art. 25 Sachs.-Anh. Verf.; Art. 20 Thür. Verf.
5 Art. 48 Brbg. Verf.; Art. 17 I Meckl.-VVerf.; Art. 7 Sächs. Verf.; Art. 39 Sachs.-Anh. Verf.; Art. 36 Thür. Verf.
6 Art. 47 Brbg. Verf.; Art. 17 III Meckl.-VVerf.; Art. 7 Sächs. Verf.; Art. 40 Sachs.-Anh. Verf.
7 Art. 45 Brbg. Verf.; Art. 17 II Meckl.-VVerf.; Art. 7 Sächs. Verf.
8 So auch: *K. Stern* (Anm. 2), S. 1447.
9 Art. 11 Brbg. Verf.; Art. 6 Meckl.-VVerf.: Art. 33 Sächs. Verf.; Art. 6 Sachs.-Anh. Verf.; Art. 6 Thür. Verf.

derer auf Dauer angelegter Lebensgemeinschaften anerkannt«. Da es sich bei allen diesen landesverfassungsrechtlichen Garantien um ein aliud oder ein Mehr an Grundrechtsschutz handelt, sind sie gemäß Art. 142 GG prinzipiell mit dem Grundgesetz vereinbar.

Besonders umstritten ist in Brandenburg die Frage, ob der *Religionsunterricht* gemäß Art. 7 III GG in den neuen Ländern ordentliches Lehrfach in den öffentlichen Schulen sein muß oder ob die »Bremer Klausel« des Art. 141 GG Anwendung findet. Zwar war in den früheren Ländern der Deutschen Demokratischen Republik, die in der Zeit von Dezember 1946 bis Februar 1947 entstanden waren, Religion kein Lehrfach in den öffentlichen Schulen, aber diese Länder sind durch das »Gesetz über die weitere Demokratisierung des Aufbaus und der Arbeitsweise der staatlichen Organe in den Ländern der Deutschen Demokratischen Republik« vom 23. Juli 1952 (GBl. S. 613) beseitigt worden. An ihre Stelle trat eine Gliederung des Territoriums nach Bezirken. Mit Recht ist daher darauf hingewiesen worden, daß die Sonderregelung des Art. 141 GG in den neuen Ländern nicht anwendbar ist, weil es an dem Erfordernis des ununterbrochenen Bestehens der Länder als Rechtssubjekte fehlt[10].

Seit dem Erlaß des *brandenburgischen Schulgesetzes* vom 12. April 1996 (GVBl. S. 102), das statt des Religionsunterrichts das Lehrfach »Lebensgestaltung-Ethik-Religionskunde« vorsieht, ist der Streit weiter eskaliert. Inzwischen sind mehrere Verfahren vor dem Bundesverfassungsgericht anhängig.

Die Gewährleistung des Religionsunterrichts als ordentliches Lehrfach ist eine Folge der seit der Weimarer Republik bestehenden Trennung von Staat und Kirche und der Garantie der Religionsfreiheit. Es ist gerade Aufgabe des modernen Kulturstaates, der seine christlichen Traditionsbestände nicht leugnet, die organisatorischen Voraussetzungen zu schaffen und zu gewährleisten, damit religiöses Leben nach dem Selbstverständnis der Religionsgesellschaften und

---

10 *A. Frhr. v. Campenhausen*, in: *v. Mangoldt-Klein*, Kommentar zum Grundgesetz, 3. Aufl. 1991, Erl. RandN 7 zu Art. 141; *J. Winter*, Zur Anwendung des Art. 7 III GG in den neuen Ländern ..., in: NVwZ 1991, S. 753 ff. (754). Entgegengesetzter Meinung: *B. Schlink*, Religionsunterricht in den neuen Ländern, in: NJW 1992, S. 1008 ff.; *Arnulf Schmitt-Kammler*, im Grundgesetz-Kommentar (hg. von *Michael Sachs*), 1996, Erl. RandN 9 und 10 zu Art. 141.

der ihnen angehörenden Bürger sich entfalten kann. Die Ermöglichung der Teilnahme am Religionsunterricht in den öffentlichen Schulen gehört zu den kulturstaatlichen Aufgaben, um der religiösen Bildung der Schüler als Erziehungswert zur Anerkennung zu verhelfen.

Ausblick

Die Grundrechte des Grundgesetzes und die Europäischen Gemeinschaften/ Europäische Union

Literatur

Bleckmann, Albert, Europarecht, 5. Aufl. 1990.
Oppermann, Thomas, Europarecht, 1991.
Kirchhof, Paul, Der deutsche Staat im Prozeß der europäischen Integration, in: HdB StR BRD Bd. VII (1992), S. 855 ff.

Ipsen, Hans Peter, Die Bundesrepublik in den Europäischen Gemeinschaften, ebenda S. 767 ff.
Scheuner, Ulrich. Der Grundrechtsschutz in der Europäischen Gemeinschaft und die Verfassungsrechtsprechung, in: AöR Bd. 100 (1975), S. 30 ff.
Pernice, Ingolf, Grundrechtsgehalte im Europäischen Gemeinschaftsrecht, 1979.
Feger, Dieter, Die Grundrechte im Recht der Europäischen Gemeinschaften – Bestand und Entwicklungen, 1984.
Streinz, Rudolf, Bundesverfassungsgerichtlicher Grundrechtsschutz und Europäisches Gemeinschaftsrecht, 1989.
Kirchhof, Paul, Deutsches Verfassungsrecht und Europäisches Gemeinschaftsrecht, in: Europarecht 1991 Beiheft 1, S. 11 ff.
Kokott, Juliane, Der Grundrechtsschutz im europäischen Gemeinschaftsrecht, in: AöR Bd. 121 (1996), S. 599 ff.
Rickert, Beate, Grundrechtsgeltung bei der Umsetzung europäischer Richtlinien in innerstaatliches Recht, 1997.

Eine neue Grundrechtsproblematik ist mit der schrittweise vorgenommenen Übertragung von staatlichen Hoheitsrechten auf die *Europäischen Gemeinschaften* (Europäische Gemeinschaft für Kohle und Stahl von 1951, Europäische Wirtschafts- und Europäische Atomgemeinschaft, beide von 1957) entstanden: die Frage, ob und inwieweit das seither und verstärkt seit der Verfassungsreform durch die Einheitliche Europäische Akte vom 28. Februar 1986 (BGBl. II,

S. 1104) geschaffene europäische Gemeinschaftsrecht die *nationalen Grundrechte* der Mitgliedsstaaten zu beachten hat[1].

Das *Bundesverfassungsgericht* hatte zunächst wegen des fehlenden Grundrechtsschutzes in den Verträgen der Europäischen Gemeinschaften das sekundäre Gemeinschaftsrecht der nationalen Grundrechtskontrolle unterstellt[2], was zu lebhafter Kritik geführt hat[3]. Angesichts der mittlerweile eingetretenen politischen und rechtlichen Entwicklungen in den Europäischen Gemeinschaften hat das Gericht seinen Standpunkt erheblich abgeschwächt:

> Solange die Europäischen Gemeinschaften, insbesondere die Rechtsprechung des Gerichtshofs der Gemeinschaften, einen wirksamen Schutz der Grundrechte gegenüber der Hoheitsgewalt der Gemeinschaften generell gewährleisten, der dem vom Grundgesetz als unabdingbar gebotenen Grundrechtsschutz im wesentlichen gleichzuachten ist, zumal den Wesensgehalt der Grundrechte generell verbürgt, wird das Bundesverfassungsgericht seine Gerichtsbarkeit über die Anwendbarkeit von abgeleitetem Gemeinschaftsrecht, das als Rechtsgrundlage für ein Verhalten deutscher Gerichte und Behörden im Hoheitsbereich der Bundesrepublik Deutschland in Anspruch genommen wird, *nicht mehr ausüben* und dieses Recht mithin nicht mehr am Maßstab der Grundrechte des Grundgesetzes überprüfen ...«[4].

Diese bedachtsamen Formulierungen des Bundesverfassungsgerichts lassen erkennen, daß es sich hier und in etwaigen späteren Beschlüssen eine begrenzte Überprüfungsbefugnis vorbehalten hat[5]. Der Sache nach handelt es sich um das Problem der sachgerechten Zuordnung von europäischem Gemeinschaftsrecht und nationalem Recht. Art. 24 Abs. I GG ermöglicht es, »die Rechtsordnung der

---

1 Vgl. statt weiterer Nachweise vor allem: *J. Pernice*, Grundrechtsgehalte im Europäischen Gemeinschaftsrecht, 1979; *D. Feger*, Die Grundrechte im Recht der Europäischen Gemeinschaften – Bestand und Entwicklungen, 1984, S. 48 ff.
2 *BVerfGE* 37, 271 (280 ff.).
3 Vgl. aus der Fülle der Belege besonders: *U. Scheuner*, Der Grundrechtsschutz in der Europäischen Gemeinschaft und die Verfassungsrechtsprechung, in: AöR Bd. 100 (1975), S. 30 ff.
4 *BVerfGE* 73, 339 (387) – Die Hervorhebung ist im Originaltext nicht enthalten.
5 Besonders deutlich ausgesprochen im Beschluß einer Kammer des Verfassungsgerichts vom 11. 4. 1989, abgedruckt in: NJW 1990, S. 974.

Die Grundrechte des Grundgesetzes und die Europäischen Gemeinschaften

Bundesrepublik Deutschland derart zu öffnen, daß der ausschließliche Herrschaftsanspruch der Bundesrepublik Deutschland für ihren Hoheitsbereich zurückgenommen und der unmittelbaren Geltung und Anwendbarkeit eines Rechts aus anderer Quelle innerhalb dieses Hoheitsbereichs Raum gelassen wird«[6]. Wenn davon Gebrauch gemacht wird wie bei den Europäischen Gemeinschaften, ist damit ein Anwendungsvorrang des Gemeinschaftsrechts vor dem nationalen Recht verbunden. Allerdings bleibt zu beachten, daß Art. 24 Abs. I GG seine Grenzen an den »Rechtsprinzipien, die dem Grundrechtsteil des Grundgesetzes zugrundeliegen«, findet[7].

»Die Rechtmäßigkeit einer Übertragung von Hoheitsrechten nach Art 24 I GG hängt dann davon ab, daß die übertragenen Hoheitsrechte auf der Ebene der autonomen Gemeinschaftsrechtsordnung durch eine Grundrechtsgewährleistung gebunden sind, die der des Grundgesetzes im wesentlichen gleichkommt«[8].

Aus alledem wird deutlich, daß die Kompetenz des *Bundesverfassungsgerichts* darauf beschränkt ist, ob die Übertragungsgrenzen des Art. 24 Abs. I GG eingehalten worden sind, während die Kontrolle der Grundrechtsgewährleistung in die gemeinschaftsrechtliche Zuständigkeit des *Europäischen Gerichtshofs* fällt[9].

Die mit dem Ratifizierungsgesetz zum *Maastrichter Vertrag* beschlossene Grundgesetznovelle vom 21. Dezember 1992 (BGBl. I, S. 2086), durch die der neue Europa-Artikel 23 GG eingeführt worden ist, hat die Übertragung von Hoheitskompetenzen für die Entwicklung der *Europäischen Union* deutlicher an grundrechtliche Schranken gebunden, aber nicht alle Zweifelsfragen ausgeräumt.

So hat das Bundesverfassungsgericht in seinem Maastricht-Urteil ausgeführt, daß es »seine Gerichtsbarkeit über die Anwendbarkeit von abgeleitetem Gemeinschaftsrecht in Deutschland in einem ›Kooperationsverhältnis‹ zum Europäischen Gerichtshof ausübt, in dem der Europäische Gerichtshof den Grundrechtsschutz in jedem Einzelfall für das gesamte Gebiet der Europäischen Gemeinschaften garantiert, das Bundesverfassungsgericht sich deshalb auf eine generel-

---

6 *BVerfGE* 73, 339 (374).
7 *BVerfGE* 73, 339 (375 f.).
8 *Klaus Schlaich*, Das Bundesverfassungsgericht, 3. Aufl. 1994, S. 97.
9 *BVerfGE* 73, 339 (375 f., 384, 387).

le Gewährleistung der unabdingbaren Grundrechtsstandards beschränken kann«[10]. Was immer darunter zu verstehen ist, hat das Bundesverfassungsgericht bisher offen gelassen. Seine begrenzte Überprüfungsbefugnis bleibt weiterhin vage.

---

10 *BVerfGE* 89, 155 (175) unter Berufung auf die Entscheidung 73, 339 (387).

Sachregister

Autonomie, bürgerliche 2 f., 5, 30, 90

Bundesreaktionsausschuß 33, 34
Bundesverfassungsgericht 80, 83 ff., 109, 112 ff.
Bürgertum 2 ff., 6, 14, 15, 21 f., 23, 26, 31, 37 f., 45

Demokratie, liberale (westeuropäische) 14, 30, 49 f., 54, 57, 59 f., 67, 79, 95
Deutscher Bund (1815) 12, 33 ff., 37
– Deutsche Bundesakte 13, 33
– Deutscher Bundestag 26, 33 ff.
– Wiener Schlußakte 13, 33
Deutscher Nationalverein 38

Einheit, staatliche 38, 50, 63 f., 66, 67
Einheit der Verfassung/Rechtsordnung 59, 65, 86
Einzelfallgesetze, Verbot von 84
Erfurter Union 27, 33

Freiheit 2, 4, 6, 7, 10, 17, 20, 32, 37, 40 f., 43, 44, 56, 61, 66, 67, 71, 90, 92 f., 98, 104
Freiheitsrechte 3, 5, 6, 10, 15 ff., 22, 24 ff., 30 ff., 35 ff., 42 ff., 50 f., 58 f., 61 f., 66, 68, 70 f., 79, 81, 86, 87 f., 90 f., 94 ff., 100, 102, 105, 108

Gesellschaftsvertrag 4 f., 7,8
Gesetzesvorbehalt 30 f., 59, 79, 83, 85 f., 95, 105
Gesetzmäßigkeit der Verwaltung 32, 44 f., 58
Gleichheit 4, 11, 32, 57 f.
Gleichheitsrechte, Gleichheitssatz 10, 15 ff., 25, 35, 50 f., 57 f., 81, 100, 102, 108

Grundgesetz siehe: Verfassung der Bundesrepublik Deutschland
Grundlegung des Staates, bürgerliche 10, 11, 26, 31, 45, 49, 64 f.
Grundpflichten 53, 103
Grundrechte
– als Abwehrrecht 42, 64, 67, 83, 87, 93, 100
– Ausstrahlungswirkung 89 f., 91
– Bedeutungswandel der 49 f., 59 ff., 65 ff.
– Drittwirkung der 90
– im besonderen Gewaltverhältnis 95
– als staatliche Handlungs- und Schutzpflichten 91 ff.
– auf staatliche Leistungen (Teilhaberechte) 61 f., 92 f.
– als objektive (Grundsatz) Normen/ objektiv-rechtl. Prinzipien 26, 32, 42 ff., 54, 62 f., 66 ff., 87 ff.
– als Pflichtverhältnisse 68, 71 ff.
– als demokratisch-politische Rechte 61 f., 63 ff., 66 f.
– als soziale Rechte 25, 61 f., 82, 92, 100, 108
– als subjektive Rechte 26, 32, 41, 43, 44, 53 f., 62, 81, 91, 108
– als unveräußerliche und unverzichtbare Rechte 5, 7, 8
– als negative Statusrechte 42 ff., 49
– als politische Statusrechte 64 f.
– Werthaftigkeit der 59, 60, 62 f., 64, 65, 87 f., 91, 92 ff.
– Wesensgehalt der 58 f., 79, 112
– Zitiergebot der 84 f.
Grundrechtsbindung des Gesetzgebers 26, 32, 54 ff., 79, 83

Grundrechtsverwirklichung durch Organisationsformen und Verfahrensregelungen 95 f.
Grundrechtstheorie(n)
- allgemein 60 f., 62, 97 ff.
- demokratisch-funktionale 98
- geisteswissenschaftliche Richtung der 60 f., 66 f.
- institutionelle 62 f., 98
- liberale/individualistische 61, 64, 66, 67, 97, 100
- positivistische 41 ff., 59 f.
- sozialstaatliche 67, 98
- werttheoretische 63 f., 65, 87 f., 98
Grundrechtsverständnis, sozialistisches 100 ff.
Güterabwägungslehre 86, 88 f.

Institutionelle Gewährleistungen (Garantien) 31, 51, 62

Karlsbader Beschlüsse 36

Menschenrechte 5 ff., 7 f., 10, 74
Menschenrechtserklärung
- amerikanische 5
- französische 8, 10, 15, 24, 26
Merkantilismus 3, 6
Monarchie,
- absolute 11, 14, 30, 57
- konstitutionelle 13 ff., 21 f., 29 ff., 33, 38, 41, 49, 54, 60

Nationalversammlung
- Frankfurter 22 ff., 31, 33, 37, 38, 41, 42
- Weimarer 50 ff., 57
Naturrecht 4, 8, 26, 80
Naturrechtslehre
- ältere 4, 7
- modifizierte 4 f.
- späte 5, 6 f., 8, 26

Obrigkeitsstaat 14, 15, 45

Parlament siehe: Volksvertretung
Parlamentarischer Rat 80 ff.
Physiokraten 6 f., 8
Polizeistaat 23, 24, 26, 45

Prüfungsrecht, richterliches 55 ff., 79 f.

Rechtsstaat 24, 31 f., 38, 45, 49, 53, 57 f., 61 f., 82
Reichsverfassung siehe: Verfassung
Revolution
- in Deutschland 1848 20 ff., 33
- französische 1789 3, 5, 6, 10, 12
- französische 1830 14, 20
- französische 1848 22
- „nationale" (1933) 70 f.

Staatsbürger 15, 17, 31, 50, 61 f., 64 f., 73
Staatszielbestimmungen 108
Staatszwecke 3, 4, 5, 7
Ständestaat, Ständeordnung 2, 10, 11, 15, 25, 26, 30

Verfassung
- frühkonstitutionelle 12 ff., 26, 30
- grundrechtlicher Kerngehalt 62, 79
- landständische 13
- liberal-demokratische 49 f., 54, 59, 79, 107 f.
- als Wertsystem/Wertordnung 60, 62 ff., 65, 86 ff., 91, 95
- von Anhalt-Köthen (1810) 12
- badische (1818) 13 ff., 15 f., 20, 34
- bayerische (1808) 11, 12
- bayerische (1818) 13 ff., 15 f., 20
- bayerische (1946) 79 f.
- Berliner (1950) 108
- brandenburgische (1947) 100
- brandenburgische (1992) 108 f.
- Bremer (1947) 79 f.
- Bundesrepublik Deutschland (Grundgesetz) 79 ff., 83 ff., 108 ff., 111 ff.
- Deutsche Demokratische Republik (1949) 101 ff.
- Deutsche Demokratische Republik (1968/74) 104 f.
- Frankfurter (1810) 12
- französische (1791) 10, 11
- französische (1814) 10 f., 14
- hannoversche (1840) 34
- hannoversche (1855) 34

Sachregister

- hessische (1946) 79 f.
- kurhessische (1831) 15 f., 20, 34 f.
- kurhessische (1852) 35
- mecklenburgische (1947) 100
- von Mecklenburg-Vorpommern (1993) 107 f.
- österreichische (1849) 33
- des Norddeutschen Bundes (1867) 38
- preußische (1848) 29 ff.
- preußische (1850) 29 ff.
- Reichsverf., Frankfurter (1849) 24 ff., 30 f., 33, 38, 45, 50
- Reichsverf. von 1871 38
- Reichsverf., Weimarer (1919) 49 ff., 54 ff., 70, 73, 79, 81, 100, 101, 102
- rheinland-pfälzische (1947) 80
- sächsische (1831) 16, 20, 34
- sächsische (1947) 100 f.
- sächsische (1992) 108
- von Sachsen-Anhalt (1947) 100
- von Sachsen-Anhalt (1992) 108
- von Sachsen-Weimar (1809) 12
- thüringische (1946) 100 f.
- thüringische (1993) 108
- von Westfalen (1807) 11, 12
- württembergische (1819) 13 ff., 15 ff., 34

Verfassungsentwürfe
- von Mainz (1792) 5
- von Köln (1797) 5

Verfassungsmäßige Ordnung 86, 95
Verhältnis von Verfassungsgericht zum Gesetzgeber 79 f., 86, 93 f.
Verhältnismäßigkeitsprinzip 85, 88
Volksvertretung, Parlament 12, 13, 14 f., 17, 22 ff., 30, 34 f., 40 f., 54

Wechselwirkungstheorie 86
Wesentlichkeitstheorie 95